학습부진 아동
_공부하기 힘들어하는 아이를 어떻게 도울 것인가?

| 아동과 청소년 문제해결 시리즈 7 |

학습부진 아동

공부하기 힘들어하는 아이를
어떻게 도울 것인가?

김유숙 · 최지원 · 유승림 지음

이너북스

학교 성적이

좋지 않은 자녀를 위한 성적 향상 비법, 당장 우리 아이 성적을 올릴 수 있는 방법을 알기 위해 서가에서 이 책을 꺼냈다면 다른 책을 선택하라고 권하고 싶다. 이 책은 '학교 공부를 못한다.' '성적이 나쁘다.'는 이유로 삶의 다양한 영역과 미래까지도 암울하게 여기는 많은 아동·청소년을 만나면서 '진정한 배움'과 '학습'에 대해 재조명하려고 저술했기 때문이다. 물론 학교 학습 능력 향상에 도움이 되는 개념과 아이디어를 다루고 있다. 그러나 우리는 학교 공부를 넘어서 아이들이 삶 전반에서 경험하는 배움, 학습, 성취 또는 실패 그리고 자기 자신에 대해 어떤 태도를 갖는 것이 더 행복한 삶을 사는 데 도움이 되는가에 더 많은 관심이 있다.

누군가 김연아 선수에게 앞으로의 각오나 목표가 무엇인지 묻자, 김연아 선수는 이렇게 답했다. "지금 내 목표는 더 좋은 선수가 되는 것이다. 끊임없이 연습하고 훈련해서 내가 나타내고자 했던 바를 유감없이 표현하는 것……. 그 결과가 좋은 성적으로 이어질 수 있다면 더 바랄 나위가 없다." 이것이 바로 진정한 학습, 배움의 모습이다. 남들과 비교해서가 아니라 내가 정한 나의 성취목표에 도달하기 위해서 끊임없이 연습하고 또 연습하는 것, 그 결과가 점수나 등수로 연결되지 않더라도 목표에 도달해 가는 나만의 과정이 가치 있고 의미가 있다는 것이다. 학습에서의 성공은 노력을 통해 이루어진다. 기대에 미치지 못하는 결과에도 좌절하지 않고 계속 노력을 이어 갈 수 있는 자세가 바로 진정한 학습의 태도다. 우리 아이들이 이러한 삶의 태도를 갖게 된다면 얼마나 좋겠는가?

부모나 교사인 우리 성인은 아이들에게 학습에 대해 무엇을 가르치고 전달하고 있는가? 목표 달성을 위한 인내와 노력에 대해 어떤 메시지를 전하고 있는가? 새로운 것을 배우는 과정에서 지극히 당연하게 경험하는 실패에 대해 어떤 태도를 보여 주고 있는가? 이 책은 부모이며 교사인 우리가 학습에 대해 가지고 있는 태도에 대해 다시 생각해 보자는 의도에서 썼다. 왜냐하면 자녀들이 배우고 습득하는 것은 우리의 말이 아니라 우리의 사고방식과 가치관, 삶의 태도이기 때문이다. 우리는 자녀에게 키와 혈액형, 식성, 성격만 물려주는 것이 아니다. 우리의 생각과 그 생각이 담긴 말 그리고 아이들에 대한 반응을 통해 학습에 대한 가치관과 태도 역시 전달하고 있다.

공자는 일찍이 "學而時習之 不亦悅乎_{학이시습지 불역열호}, 배우고 때때로 익히니 또한 기쁘지 아니한가."라고 하여 배우는 것은 기쁜 일이라고 하였다. 배움은 기쁜 일이고 우리는 더욱 기쁘고 만족스러운 삶을 살기 위해 배운다. 신체적인 기술, 인지적인 능력, 정서적 표현력 등 무엇이 되었건 간에 새로운 것을 배운다는 것은 나를 확장하고 내 영역을 넓혀 가는 일이다. 상담실에서 만나는 아동·청소년이 시도하기 꺼리거나 어려워하던 일을 해냈을 때, 또는 새로운 일에 익숙해졌을 때 우리는 공자처럼 감탄한다. "새로 배운 것을 열심히 연습해서 완전히 네 것으로 만드는 것, 얼마나 기쁘고 멋진 일이니!"

아이들이 새로 학습하는 것은 매우 다양하다. 특정한 신체적·

인지적 기술을 배우기도 하고 사회적인 태도를 학습하기도 한다. 예를 들어, 보드게임에서 새로운 전략을 사용한다거나, 새 학년 새 친구 중 누군가에게 먼저 다가가 말 거는 방법을 생각해 냈다거나, 또는 화를 버럭 내며 파괴적인 행동을 하는 대신에 참는 법을 터득했다거나 하는 등 아이들은 자신의 삶이 보다 기쁘고 풍요롭고 만족스럽게 되는 데 기여하는 많은 것을 배운다. 새로운 것들을 배우면서 아이들은 성장하고 영역이 확장된다.

학교 공부에서의 성공 경험이 절대적으로 중요하다는 말은 아니지만, 학교 공부에서 어려움을 겪는 아이들 중 다수는 삶의 여러 다른 영역에서도 어려움을 겪는다. 나를 넓혀 가는 기쁨의 원천인 배움, 학습을 학교 공부에만 국한시켜 '교과목 공부를 못하면 무능한 아이'라고 낙인찍는 환경에 익숙한 아이들은 자신이 좋아하는 것, 잘하는 것마저도 배우기 위해 노력하고 인내하는 것을 포기하는, 즉 실패나 실패의 태도를 학습한다. 실패를 학습하는 것은 이후 아이들의 직업과 사회생활에도 영향을 미쳐 결국 한 개인의 적응에 부정적인 영향을 준다. 막상 어른들끼리는 "진짜 세상에 나와 보니 학교 공부가 전부가 아니더라."는 이야기를

8

많이 하지만, 아이들에게는 마치 학교 공부와 성적이 존재의 이유라도 되는 것처럼 높은 점수로 자신을 입증해 보일 것을 기대하고 강요한다. 한 반에서, 한 학년에서, 한 학교에서, 한 해 입시에서 1등은 한 명밖에 없는 구조에서 학습은 곧 그 결과인 점수, 등수가 되어 남들과 비교하고 비교당하는 데 쓰인다. 배움 자체가 목적이 아니니 1등이 아닌 등수와 점수에는 기쁨이 없고 아이들은 좌절과 열등감만 경험한다. 우리가 아이들에게 전달하는 것은 배움의 과정에서 인내와 더불어 경험하는 기쁨이 아니라 탈락과 실패의 경험이다.

우리는 아동과 청소년에 대한 지속적인 임상 경험을 토대로 이책을 썼다. 그동안 다양한 사례를 경험하면서 부모들이 자녀의 어려움을 정확하게 이해하지 못한 채 눈앞에서 벌어지는 여러 문제에 당황하는 것을 자주 보았다. 어떤 부모는 실제 문제보다 과장해서 바라보며 지나친 반응을 보이기도 하고, 어떤 부모는 무심히 지나쳐 버리기도 한다. 우리의 경험에 의하면 어느 쪽이든 부모가 자녀의 어려움을 정확히 이해하지 못하면 문제를 해결하는 데 도움이 되지 않는다.

이 책은 부모로 하여금 아이들이 겪는 학습부진의 문제를 이해할 뿐만 아니라 아이들에게 배움의 진정한 기쁨과 즐거움, 끊임없는 노력의 가치, 실패가 끝이 아니라 좀 더 나아질 수 있는 또다른 기회라는 것을 알려 주기 위해서 먼저 부모이자 교사인 우리가 자신이 가지고 있는 생각이나 태도 중에 무엇을 점검하고 변화시켜야 할지에 대해 여러 이론을 근거로 논의하고 있다.

우리는 아동·청소년을 둘러싼 가족이나 전문가에게 도움을 주고 그들과 관련 지식을 함께 나누고 싶다는 열망을 가지고, 상담 현장에서 자주 볼 수 있는 몇 가지 문제를 선택하여 '아동과 청소년 문제해결 시리즈'를 구성했다. 이 시리즈는 기본적으로 세 파트로 구성되어 있다. 첫 번째 파트는 각 문제 행동에 대한 정확한 이해를, 두 번째 파트는 이들을 돌보는 가족이나 전문가에 대한 조언을, 세 번째 파트는 이들과 상호 교류하는 데 유용한 여러 가지 놀이나 게임을 소개했다. 우리는 이 책이 학습부진의 어려움을 가진 가족이나 전문가에게 실질적인 도움이 되길 기대한다.

이 책의 출판과 관련하여 많은 분에게 감사한다. 아동과 청소년의 문제를 다루는 도서는 현장의 경험을 토대로 한 실제적인 부분이 다루어져야 한다는 의견에 동의하면서 책의 출판을 권유해 준 학지사의 김진환 사장님과 세심하게 편집을 해 준 김서영 씨에게 감사드린다. 그러나 무엇보다도 우리에게 많은 지식을 준 내담자들이 없었다면 아무것도 할 수 없었을 것이다. '아동과 청소년 문제해결 시리즈'의 모든 지식은 그동안 우리와 함께했던 내담자들을 통해 배운 것이라는 점을 밝히면서 우리와 시간을 함께한 일일이 이름을 밝힐 수 없는 많은 분에게 감사를 전한다.

한스카운셀링센터에서
저자 일동

차례

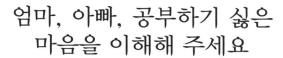

Part 1

엄마, 아빠, 공부하기 싫은
마음을 이해해 주세요

상담 장면에서 만나는 아동·청소년들로부터 공부하기와 관련된 불만을 듣는 경우가 많다. "공부하기 싫어요." "공부는 재미없잖아요." "공부하라는 잔소리, 지겨워요." "저는 공부를 아무리 해도 안 된다니까요."

아동·청소년 자녀를 데리고 오는 부모들 역시 자녀의 공부와 관련된 어려움을 호소하는 경우가 많다. "아이가 도무지 책 한 글자를 안 읽는다니까요." "숙제해라, 공부 좀 해라, 저녁마다 전쟁이에요." "머리는 좋은 거 같은데 왜 성적이 안 오를까요?" "부모도, 형제들도 다 알아서 공부를 잘했는데, 얘만 왜 이럴까요?"

도대체 공부가 무엇이길래 부모와 자녀가 그 '공부'를 사이에 두고 갈등하는 것일까? 자녀가 공부를 잘하는 것은 왜 자랑스럽고 좋은 일이고, 공부를 안 하거나 못하는 것은 어떤 이유로 부모인 나에게 실망스럽고, 화가 나고, 부끄럽기까지 한 일일까?

부모-자녀 간의 '공부 갈등'을 해결하기 위하여 우선 공부란 무엇인지에 대해 생각해 보자. 우리는 일반적으로 '공부'와 '학습'이라는 말을 혼동하여 사용하고 있다. 공부란 어떤 주제에 대해 배우기 위하여 자료들을 읽고 암기해 특정 지식을 알아가는 것을 말한다. 그에 반해 학습이란 새로운 지식, 행동, 기술, 가치들을 습득하기 위하여 다양한 정보 유형을 처리해 가는 과정이다. 그러므로 무엇을 어떻게 해야 하는지를 학습하기 위해서 공부를 하는 것이다. 다시 말하면 공부라는 것은 학습을 위한 아주 작은 하나의 절차라고 할 수 있다. 예를 들어, 어린아이는 엄마나 주변 사람들의 말소리를 반복적으로 듣고, 자신이 들은 것을 모방하는 과정을 통해 모국어를 배운다. 이처럼 아이들이 모국어를 처음 배우는 것을 '공부했다'고 하지 않고 '학습했다'고 표현한다. 왜냐하면 유아들이 모국어를 배우는 과정에서 자연스러운 학습은 일어났지만 아이들이 스스로 공부하지는 않았기 때문이다. 이와 유사하지만 조금 다른 예를 생각해 보자. 자연스러운 과정을 통해 모국어를 학습한 민주가 자라서 영어를 배우고자 할 때, 민주는 영어를 학습하기 위해서 공부를 해야 한다. 알파벳을 익히고, 다양한 매체를 이용하여 영어 문장을 여러 번 듣기도 하고, 종이에 직접 영어 단어들을 쓰면서 외우고, 문법을 공부하기도 하면서 영어를 이해해야 한다. 우리는 이런 과정에서 '공부'라는 말을 사용한다. 즉, 학습이 이루어지기 위해서 공부를 하는 것이 필요하다.

공부: 어떤 주제에 대해 배우기 위해 다양한 방법으로 자료를 읽고 외우는 것

학습: 새로운 지식, 기술, 가치 습득을 위해 다양한 정보 유형을 처리해 가는 과정

[공부를 통해 학습이 이루어짐]

우리는 가끔 학생들이 이렇게 말하는 것을 듣기도 한다. "열심히 공부했는데 아무것도 남는 게_{배운 게} 없는 것 같아요." 이것은 자신이 열심히 읽고 외우기는 했는데 어떤 이유에서인지 새로운 지식이나 기술을 습득하지는 못했다는 호소라고 볼 수 있다. 바로 공부와 학습이 다르다는 것을 보여 주는 예다. 그렇다면 공부와 학습의 차이를 구분하는 것이 왜 중요할까? 우리 자녀들에게 중요한 최종 목표는 공부가 아니라 '학습'이기 때문이다.

영어를 배우는 민주의 예로 돌아가 보자. 민주는 '영어를 배우고 싶다_{학습}.'는 자신의 목표를 달성하기 위해 '매일 영어 문법에 2시간씩 투자_{공부}'하는 방법을 적용했는데, 실제로 해 보니 별로 효과가 없는 것 같고 자신과는 잘 맞지 않는 방법이라고 느꼈다. 공부는 했지만 학습은 일어나지 않은 것이다. 그래서 민주는 문법책을 보는 시간을 1시간으로 줄이고 대신에 자신이 좋아하는 애니메이션을 영어로 보는 방법으로 바꿨고, 효과를 보았다. 민주는 학습이 일어날 수 있는 공부 방법을 찾은 것이다. 부모로서 우리가 2시간을 꼬박 앉아서 문법책을 보고 외우는 것_{공부}만을 목표로 생각했다면 민주가 실패했다고 생각하며 실망할 것이다. 그러나 최종 목표가 영어 학습이라면 민주가 자신에게 적합한 공부 방법을 찾아가는 것 역시 성취 과정이라고 여기게 되어 아이와 함께 기뻐하고 격려할 수 있을 것이다. 부모로서 나는 자녀에게 공부하기를 강요할 것인가 아니면 학습이 일어나도록 도울 것인가? 우리는 궁극적인 목표, 즉 학습이 일어나는 것에 집중할 필요가 있다. 그러므로 가정에서 아이들에게 "공부해야지." "공부 좀 해라." "공부는 언제 할 거니?"라고 잔소리하는 대신에 무엇을 학습하고 왜 학습해야 하는지 그 이유와 필요를 알도록 돕는 것이 필요하다. 이것은 자녀 스스로 학습에 대한 목표와 동기를 갖도록 하는 것을 우선시 하는 자세다.

  인간의 본성에는 학습 자체에 대한 욕망이 내재되어 있다. 인간의 이러한 특성을 반영하여 '학습하는 인간'이라는 뜻의 호모 에루디티오Homo-Eruditio라고 명명하기도 하는데, 동물들의 학습이 생

존의 수단으로 일어나는 것에 비하여 인간은 학습 그 자체를 지향하는 특성을 가진다. 배운다는 것은 누구에게나 자연스럽게 이루어지는 과정인 것이다. 그런데 학습하고자 하는 것이 인간의 본능이라면, 학습이 일어나도록 하는 과정인 공부에 대해 왜 싫은 감정과 거부감을 느끼게 되는 것일까? 왜 공부를 못하게 되는 것일까? 학습 문제를 야기하는 데는 다양한 원인이 관여하겠지만, '공부가 싫어진 아이들'은 학습 장면에서 반복적으로 실패를 경험했다는 공통적인 특징이 있다. 이 같은 경험을 통해 아이들은 공부 자체에 대한 흥미를 잃어버리고, 공부를 안 하게 되고, 결국 공부를 못하게 되는 것이다. 아이들은 낮은 학교 성적으로 인해 자존감이 낮아지고, 또래 친구들과의 관계에서 어려움을 겪는다. 또한 반복적인 실패 경험으로 인한 만성적인 우울감이나 무력감과 같은 정서적인 문제를 갖게 된다. 이러한 정서적 어려움은 다시 낮은 학업성취의 원인이 된다. 다시 말해서 아이들이 공부에 흥미를 잃는 이유는 그들이 학습 장면에서 성취가 아닌 실패하기의 과정을 학습했기 때문이다.

반복적인 실패(낮은 성적, 부모나 교사의 지적 등) ➡ "재미없다, 하기싫다." ➡
학습 기회에 참여하지 않음(발표 시간에 회피, 시간을 투자하지 않음) ➡
"해도 안 돼. 원래 못해." ➡ 낮은 성적, 저조한 학업성취 ➡ 우울감, 무력감 ➡
학습에 대한 낮은 동기 ➡ 학업 수행 실패 경험

[공부에 흥미를 잃는 과정]

학습부진이란?

🐤 5학년 영호의 엄마는 담임 선생님과의 상담 이후 아들에 대한 걱정이 이만저만이 아니다. 서너살 무렵부터 유달리 똑똑하고 말도 또박또박 잘해서 세 살 터울의 누나도 당해내지 못할 정도였던 영호는 학교나 학원 선생님들께 칭찬을 많이 받는 아이였다. 새로운 것에 대한 관심도 많고 배우는 속도도 빨랐던 영호는 초등학교 입학 후 학교 성적도 좋았기 때문에 엄마로서 특별히 신경 쓸 일이 없는 아이였다. 그랬던 영호가 4학년 1학기부터 조금씩 달라지는 것 같더니 5학년이 되고 나서는 숙제를 제대로 해 가지도 않고 학교 시험 성적도 떨어지고 매사에 시큰둥해졌다. 담임 선생님은 영호가 지시사항을 제대로 듣거나 기억하지 않고, 수업 내용도 잘 이해하지 못하는 것 같고, 수업 시간 내내 다른 생각을 하는지 도무지 집중을 하지 못하는 등 수업 태도가 좋지 않다고 말했다. 그리고 덧붙여서 가정에서 좀 더 관심을 가져달라고 당부했다. 영호에게 무슨 일이 있는 것일까? 갑자기 영호가 왜 이렇게 변한 것일까? 걱정스러운 엄마는 남편에게 영호의 상태를 알렸지만 남편은 '사춘기 때는 그럴 수도 있다, 저러다 정신 차리겠지.'라면서 심각하게 생각하지 않는다. 🐤

"선생님, 우리 ○○이는 학습부진인 것 같아요."

"왜 그렇게 생각하시나요?"

"○○이만 공부를 못하잖아요. 언니랑 동생은 곧잘 하는데

○○이는 성적이……."

   학습부진이라고 하면 어떤 모습이 떠오르는가? 교사들은 학급의 진도를 제대로 따라오지 못하는 학생들을 '부진아'라고 생각할 수 있을 것이다. 부모들은 아이가 자신이 기대한 만큼 성적이 나오지 않거나 다른 자녀에 비해 뒤떨어지는 경우를 학습부진이라고 여기기도 한다. 학생들은 자신의 학교 성적이 낮은 경우, 스스로를 학습부진이라고 생각할 수도 있다. 이렇게 '학습부진'이라는 용어는 말하는 사람의 주관적인 기준에 따라 매우 다르게 사용되므로 '학습부진'이라고 했을 때 우리가 떠올리는 아동의 모습은 모두 제각각일 것이다. 그러나 일상에서 학습부진이라는 말을 사용할 때는 주로 어떤 개인이 특정 학습 영역에서 기대만큼 잘하지 못할 때 사용된다.

   학습부진에 대하여 교육 및 학습전문가들이 제시하는 보다 객관적인 기준은 다음과 같다.

   학습부진under-achievement이란 지능이 정상 범위에 속함에도 심리적, 환경적 요인들에 의하여 학업성취 수준이 또래에 기대되는 수준

에 비하여 현저하게 낮은 것을 말한다. 예를 들어, 지능이 우수한 아동이 학습에 대한 의욕이 없어서 매우 낮은 성적을 받거나, 불안이나 긴장이 심해서 자신의 능력만큼 성취를 하지 못하는 경우다. 또는 정상 범위 지능의 초등학교 4학년 학생이 학업성취도 검사 결과 두 학년이 뒤처진 2학년 수준인 경우 등을 생각해 볼 수 있다. 이렇듯 아동이 지닌 잠재 능력에 비해 심리적, 환경적

원인으로 인하여 학업성취 수준이 현저하게 낮은 상태를 학습부
진이라고 한다.

학습부진(under-achievement)이란 지능이 정상 범위에 속함에도 심리적, 환
경적 요인에 의하여 학업성취 수준이 또래에 기대되는 수준에 비하여 현저하게
낮은 것을 말함

　일상에서 학습부진과 혼용되는 개념들 중에는 낮은 학업성취,
학습지진 등이 있다. 낮은 학업성취학업 저성취, low achievement란 학생들을
성취 수준별로 구분하였을 때 하위집단에 속하는 경우를 뜻하는
데, 소위 '학교에서 성적이 나쁜 아이들'을 말한다. 그러나 이 개
념은 학생 개인의 지적 능력이나 잠재 능력 수준을 고려하지 않
은 성취 정도, 예를 들면, 학교에서의 성적 결과만을 포함한다는
점에서 학습부진과는 구별된다. 일반적으로 학업성적성취 수준이 하
위 20% 정도에 해당하는 경우를 학업 저성취로 분류한다. 학습
지진slow learning은 지적 능력의 저하로 또래 연령의 다른 학생들에
비하여 낮은 학업성취를 보이는 경우를 말한다. 학습지진의 경
우, 아동은 75∼90 정도의 지능경계선급 경도장애 범위에 속한 것으로 나
타난다. 따라서 정상 지능 범주에 속하지만 심리적, 환경적 원인
으로 인해 자신의 지적 잠재력에 비하여 현저히 낮은 성취를 보
이는 학습부진과는 구분된다.

학습부진을 학습장애Learning Disorder나 주의력결핍 과잉행동장애

Attention-Deficit Hyper-Activity Disorder: ADHD와 혼동하는 경우도 있다. 학습장애란

지능이 정상 범주에 속하면서 특정한 인지장애로 인하여 전반적

인 학업 수행에서의 결손이나 특정 영역에서의 학업 수행이 뒤떨

어지는 경우를 말한다. 학습장애는 뇌와 감각기관에 심각한 손상

이나 장애가 없음에도 머릿속에 들어온 특정 유형의 정보들을 처

리하는 데 문제가 있어서 학습이 어려운 경우다. 따라서, 학습장

애는 심리적, 환경적 요인에 기인하지 않는다. 학습장애는 읽기,

쓰기, 철자, 산수 등의 학습 영역에서 보통 수준의 지능을 가진

아동들에 비하여 부진한 성취 수준을 보인다. 다양한 인지 능력

중에서 어떤 특정 능력에서만 느리거나 결손을 보인다는 점에서

학습부진과는 차이가 있다.

ADHD는 또래에 비하여 부주의하고 산만하거나 충동성 또는 과

잉행동의 증상과 행동이 자주 그리고 심하게 나타나는 장애로, 만

7세 이전에 시작하여 성인기까지 지속될 수 있다. ADHD 아동은

지시나 요청에 따라 과제를 완수하는 데 어려움이 있고, 세부적인

면에 주의를 기울이지 않고 신중하지 못하므로 학업 장면에서 실

수가 많다. 이러한 아동들은 사소한 자극에도 쉽게 산만해지므로

과제에서 중요한 것과 관계가 적은 것을 구별하는 데 어려움이 있

다. 이들은 한 자리에 가만히 앉아 있지 못하므로 수업 시간에 교

사에게 지적을 받거나 친구들로부터 놀림을 받는 경우가 많다. 결국 이러한 ADHD 증상이 아동으로 하여금 수업 시간에 집중하지 못하게 만들며 아동들은 스스로를 조절하고 통제할 능력이 없으므로 학업에서 낮은 수행을 보이며, 낮은 성적을 받게 된다.

이와 같이 학습부진, 학습장애, ADHD 아동은 모두 지능이 정상 범위에 속하면서 자신의 지적 잠재력에 비하여 낮은 학업성취도를 보인다는 점에서 유사하지만, 학업성취도가 떨어지는 원인에서 차이가 있다. 그러나 아동의 행동관찰만을 통해서는 학습부진과 학습장애, ADHD를 구별하기 어렵다. 왜냐하면 아동들이 상이한 원인에 의해 낮은 학업성취를 보이지만, 결국 낮은 학업

성취도로 인하여 자존감이 저하되고, 대인관계상의 어려움을 겪기 때문이다. 그리고 이 같은 반복된 실패경험은 만성적인 우울감, 무력감 등의 정서적 문제를 초래하며 이것은 다시 저조한 학업성취의 원인이 되기 때문이다.

학습부진 아동은 특정교과 영역에서 흥미나 동기의 부족으로 자신의 잠재 능력 수준에 미치지 못하는 성취를 보이는 경우도 있다特定교과 및 기능 결핍. 때로는 전체 학교 학습 영역의 기초가 되는 읽기, 쓰기 등의 기초 학습 능력에서 어려움을 가지는 경우도 있다기초 학습 기능 부진. 또한 평가된 능력보다 낮은 수행 정도를 보이며 전반적으로 모든 과목에서 낮은 성취를 보이는 경우도 있다전반적 학습부진. 특히 읽기, 쓰기, 수학과 같은 기초적인 학습 능력에서의 어려움은 일반적인 교과 학습부진으로 연결되기 때문에 조기 발견과 개입이 매우 중요하다. 초등학교 1학년에서 2학년으로 올라간 후에도 기초 학습 능력이 여전히 1학년 수준에 머물러 있는 아동이 아무런 학습 치료적 개입 없이 방치된다면, 학년이 올라갈수록 이 아동의 학습 손실분이 누적되고 학습부진이 다른 교과 영역으로 확산될 위험이 높다. 그러므로 초등학교 저학년 시기에 아동의 기초 학습 능력의 수준을 정확히 파악하고 개입하는 것은 다른 특정 교과학습에서의 낮은 수행 및 전반적인 학습부진을 예방하는 데 매우 중요하다.

학습부진 아동의 특징

    학습부진 아동은 학습에 영향을 끼칠만한 진단적 장애가 전혀 없음에도 자신의 실제 능력 또는 잠재력에 비하여 터무니없이 낮은 수준의 수행을 보인다. 이러한 아동이 학교에서 저조한 수행을 보이는 데에는 환경적 · 정서적 요인이 원인이 되므로 구체적인 학습 전략뿐 아니라 심리적인 측면에서의 접근이 필요하다.

    어떤 아동은 왜 학습부진 아동이 되는가? 학습부진 아동 연구로 유명한 실비아 림Sylvia Rimm 박사는 학습부진 아동은 성취하는 과정을 배우지 못했으며 오히려 학습부진을 학습한다고 주장하였다. 학습 장면에서 성취란 수업 중 또는 방과 후에 학습한또는 학습할 내용을 스스로 읽고 탐구하거나 아니면 주어진 과제를 완성함으로써 이루어지는 것이다Rimm, 2013. 다시 말해서 혼자서 공부하는 방법을 모르거나 일정 시간을 혼자서 공부하는 데 사용하지 않는 것이 문제다. 학습부진 아동은 이 과정을 배우지 못한 채 어느 순간부터 학교 학습에는 관심을 두지 않고 학교 학습으로부터 점점 멀어지게 되며 그 결과 매우 낮은 학업성취를 보이게 된다.

중학교 1학년 규하의 사례를 생각해 보자.

　　중학교 1학년인 규하는 학교가 싫다. 아침 아홉 시부터 오후 두세 시까지 학교에 있는 시간 중 즐거운 시간이 거의 없다. 과학이나 음악, 체육 시간에는 반짝 재미를 느끼기도 하지만 다른 교과목 시간에는 선생님이 무슨 얘기를 하시는 건지, 들을 때는 알 것도 같은데 막상 누군가 질문을 하면 답을 잘 못하겠고, 시험을 보면 점수도 낮다. 규하는 매일 학원도 가고 인터넷 강의도 듣고, 시험 기간이면 엄마에게 붙잡혀서 엄마가 짜 준 계획표대로 따로 시험 공부를 하기도 한다. 하지만 열심히 해도 막상 시험을 볼 때는 공부한 내용이 제대로 기억나지 않거나 헷갈리기만 한다. 자신이 없는 규하는 잘 모르는 문제가 나오면 그때부터는 머리가 하얘지고 불안해진다. '이번 시험도 망치겠지? 엄마가 얼마나 화를 내실까? 지난번 시험도 못 봤는데, 나는 진짜 머리가 나쁜 것 같다. 어차피 잘 풀지도 못할 건데 시험 공부는 왜 한 거지? 수학도 망치고, 사회도 망치고…… 내 인생은 엉망진창이구나.'

초등학교 3, 4학년 때까지 학교 수업 진도를 잘 따라가고 시험 성적도 잘 받았던 규하를 기억하는 부모님과 선생님들은 "머리는 좋은 애가 왜 공부를 안 할까, 왜 성적이 나쁠까?"라고 하신다. 어린 시절 또래 아이들보다 말을 빨리 배우고 한글도 일찍 깨우친 규하, 셈도 바르고 만들기며 운동도 잘했던 규하는 이제 학교에서 그냥 '공부 못하는 규하'가 된지 오래다. 초등학교 5, 6학년 수학시간에 칠판에 나가 푸는 문제를 거듭 틀리고 난 뒤로는 수업 시간마다 선생님이 이름을 부르고 문제풀이를 시키실까 봐 조마조마하고, 아이들 앞에서 망신당한 기억에 점점 위축되는 기분이 든다. 학교 성적이 떨어지면서 친구들 앞에서도 점점 자신감이 없어지고, 다른 아이들이 자신을 무시하는 것처럼 느꼈다. 규하는 공부가 싫다. 학원에 가서 앉아 있어도 잡생각과 걱정만 하고 있을 뿐 배우는 내용은 하나도 머릿속에 들어오지 않았다. 규하는 자신만 빼고 모두 잘하는 아이들만 있는 것 같은 학원은 물론 학교도 가기 싫다.

규하는 친구들과 게임을 하거나 운동을 할 때, 자신이 이길 자신이 없으면 그냥 포기해 버린다. 지난 주말에도 친한 친구인 재훈이와 체스를 두다가 자기가 조금 불리하다고 생각되니까 아예 모든 말이 먹힐 만한 자리에 두어 버렸다. 농구를 하다가도 자신이 질 것 같으면 "내가 너에게 패스해 줄게."하면서 경쟁 상황을 피한다. 친구들은 규하하고 게임이나 농구 시합을 하면 너무 쉽게 이기니까 함께 노는 것이 지루했다. 결국 친구들은 열심히 하지 않는 규하와 노는 것을 점점 피하게 되었다. 부모님은 이런 규하에게 "너는 왜 이렇게 끈기가 없냐? 이기려는 의욕도 없고 참을성도 없고…… 이래서 도대체 뭐가 되려고 그러니!"라며 화를 냈다.

부모님은 학교와 학원의 숙제 때문에도 규하를 많이 야단쳤다. 규하가 학원에서 돌아와 저녁을 먹고 나서 엄마의 잔소리를 들어가며 텔레비전을 보거나 컴퓨터 게임 또는 친구들과 채팅을 하다보면 금세 10시, 11시가 되어 버린다. 규하는 그제서야 마지못해 학교와 학원숙제를 미적거리며 시작한다. 하품을 하며 졸린 눈을 비비면서 대충 숙제를 끝내고 나니 벌써 자정이 지났다. 집중도 안 되는데 좋아하는 음악을 들으며 그저 붙잡고 있던 숙제라 그런지 시간이 오래 걸렸다. 숙제를 마치니 다시 정신이 번쩍 들고 잠이 안 온다. 엄마 몰래 다시 핸드폰 게임을 하거나 웹툰을 보다 잠이 들고 아침에는 피곤한 채 겨우 일어나 다시 재미없고 가기 싫은 학교로 간다. 🐛

규하가 겪는 어려움은 학습의 어려움과 직결되는 '낮은 성적'에만 국한되어 있지 않다. 규하는 학교 장면뿐 아니라 생활 전반에서 어려움을 경험하고 있다. 우선 낮은 성적과 저조한 학업 수행 결과로 인해, 규하는 또래친구들이나 교사들로부터 '공부 못하는 애'라고 낙인찍히거나 '공부도 못하면서 노력도 하지 않는 애'라는 부정적인 평가를 받기 쉽다. 특히 우리나라와 같이 교과학습과 성적만을 지나치게 중시하는 학교 분위기는 학습 문제를 가진 아동·청소년에게 불리하다. 이들은 자신이 잘하는, 높은 성취를 보일 수 있는 다른 영역이 있음에도 '낮은 교과목 성적'에 대한 편견으로 인해 잘하는 것을 있는 그대로 인정받을 기회마저도 갖지 못하게 되는 경우가 많다. 규하의 경우에도 초등학교 4학년 때까지는 어떻게든 해 보려고 노력했지만 5학년부터는 학교 공부는 아예 포기했다. 왜 그럴까? 학교 장면, 학습 장면에서 실패를 반복적으로 경험하다 보니 이제는 공부 자체에 흥미를 잃고 의욕을 상실한 것이다. 2시간의 시험 공부를 하면 그만큼의 좋은 결과가 나와야 계속 공부를 할 마음이 생기는데 열심히 해도 나쁜 점수를 받을 것이라고 생각하면 공부하고 싶은 마음이 없어진다. 반복된 실패 경험은 학교 공부뿐 아니라 다른 일상생활의 장면까지 영향을 미친다.

{ 목표 설정과 노력 }

　규하를 비롯한 학습부진 아동·청소년은 자신이 열심히 공부하고 노력하더라도 목표를 이룰 수 없을 것이라고 생각하기 쉽다. 이러한 아동은 목표를 성취하기 위해서 노력을 해야 한다고 생각하면서도, 자신의 노력이 목표의 성취를 가져올 것이라는 데에는 확신이 없다. 그리고 노력이 성취에 미치는 영향은 미미하다고 생각한다. 그렇기 때문에 지나치게 높은 목표를 세우거나 말도 안 되게 낮은 목표를 세워서 처음부터 '실패' 경험을 확보하는 것이다. 이러한 아동은 세계적인 기업의 CEO라던가 게임개발자, 유명 아이돌그룹 멤버, 세계 톱인 운동선수가 되고자 한다거나, 보다 가깝게는 중간고사 수학 성적이 40점이었는데 기말고사에서는 100점을 받겠다는 과도한 목표를 정한다. 그러나 자신이 정한 목표를 달성하는 데 필요한 인내심과 끈기, 지루하리만큼 반복해야 하는 노력에 대해서 생각하지 않은 채 그저 저절로 이루어지는 것 같은 목표 달성 상황을 꿈꿀 뿐이다. 이러한 아동은 실제로 진정한 노력이 무엇인지 경험해 보지 않았기 때문에 자신이 노력을 통해 목표를 성취할 수 있을 것이라는 자신감을 갖기 어렵다. 반면에 지나치게 낮은 목표를 세우는 아동은 자신의 목표는 누구라도 달성할 수 있을 만큼 쉬운 것이라는 사실을 이미

알고 있기 때문에 성취하더라도 자신의 노력이나 능력에 대해 자신감을 가질 수 없다. 자신감은 자신의 능력에 비하여 다소 어렵거나 도전적인 과제를 실제로 성취하였을 때 얻게 되는 것이다. 학습부진 아동은 패배와 실패에 대해 어떻게 대처해야 하는지 알지 못하기 때문에 성공이 확실한 일만 시도하거나, 성공이 불확실할 때는 아예 시작조차 하지 않는다. 우리 사회는 매우 경쟁적이며 학교 장면 또한 예외는 아니다. 경쟁하는 동안 항상 이길 수만은 없는 일이다. 경쟁 속에서 지거나 이기고, 성공하고 실패하는 법을 배우는 것이 중요하다. 특히 실패를 어떻게 받아들이고 대처할 것인지, 실패를 할 수 있지만 실패자loser로 남아 있지 않기 위한 회복탄력성resilience을 기르는 것이 학습에 어려움을 겪는 아동 · 청소년에게 매우 중요하다고 할 수 있다.

지능/능력에 대한 자기신념

지능/능력이 무엇이라고 생각하는가? 지능/능력은 변하는 것일까, 변하지 않는 것일까? '사람마다 능력이나 지능이 정해져 있다.'고 믿는 아동 · 청소년은 자신의 지능이나 능력은 이미 태어날 때부터 정해진 것이기 때문에 무엇을 해도 달라지지 않을 것이라고 생각한다. 이런 아동 · 청소년은 100점은 똑똑한 애들이나 받는 것이라고 생각하면서, 자신이 낮은 점수를 받는 것을 당연하게 여기거나 성취 수준이 낮은 것에 대해서도 그냥 받아들인다. 자기 자신에 대해 '나는 다른 아이들에 비해 능력이 부족해. 머리가 나빠.'라고 생각하는 초등학교 6학년 주은이의 경우를 생각해 보자. 주은이가 가진 자기 자신에 대한 신념'나는 능력이 부족해. 나는 머리가 나빠.'은 주은이의 행동에 어떻게 영향을 미칠까?

수업 장면에서 주은이는 선생님이 자기 이름을 불러서 문제를 풀게 하거나 발표를 시킬까 봐 어떻게든 눈에 띄지 않기 위해 애를 쓴다. 선생님과 눈이라도 마주칠까 봐 고개를 숙이고 있거나 혹시 이름이 불리면 "모른다, 안 해왔다."고 대답을 한다. 틀린 답을 말하고 창피를 당하느니 차라리 안 했다, 모른다고 해서 시도조차 하지 않는 것이 낫다고 생각하기 때문이다. 수업 시간에 들은 중요한 사항이나 기억해야 할 알림장 내용은 친구가 정리해 둔 것을 베낀다. 내 짝이 나보다 공부도 잘하고 똑똑하니까 내가 괜히 뭔가 빠트리고 쓰는 것보다 친구 것을 빌려서 옮겨 적는 것이 더 낫다고 생각한다. 어차피 친구가 다 정리한 후에 옮겨 적으면 되니까 수업 시간에 열심히 들을 필요는 없다. 주은이는 그럴 필요가 없는데도 열심히 하는 것처럼 보이려고 하거나 아니면 아예 아무것도 하지 않는 것처럼 보이려고 한다. 시험 공부를 하는 대신에 인터넷 게임을 하거나 공상을 하며 시간을 보내서 아예 낮은 성적을 받을 이유를 미리 만들어 둔다. 시험 공부를 열심히 했는데도 성적이 나쁘다는 것보다는 공부를 안 해서 시험을 못 봤다고 하는 것이 낫기 때문이다. 공부를 해도 성적이 안 오른다는 말은 곧 머리가 나쁘다는 뜻이라고 생각한다. 🐦

주은이의 이런 행동들에 교사와 부모는 몹시 화를 내게 된다. 그러나 우리가 기억해야 할 것은 주은이의 목적이 어른들을 자극해서 화나도록 하는 것이 아니라는 사실이다. 주은이가 보이는 일련의 행동들은 학습 장면에서 실패를 피하기 위해 사용하는 전략실패회피 전략, failure-avoiding strategies이다. 능력이 부족하다고 믿는 아동은 자신의 낮은 능력이 드러나지 않도록 하는 데 모든 에너지를

나는 머리가 나빠.
나는 공부를 못해.

시험공부 ✗

발표 ✗

성적 무관심

[능력이 없다/낮다고 믿기 때문에 자신의 능력이 드러나는 것을 피하게 됨]

쏟게 된다. 그래서 아무것도 하지 않음으로써 자신의 부족한 능력을 감추고자 한다. 반면에 자신에게 성취할 수 있는 능력이 있다고 믿는 아동은 학습 장면에서 보다 효과적인 공부 방법을 사용하고 과제가 어렵더라도 참을성 있게, 끈기를 가지고 배우려고 한다. 주은이가 가진 '나의 낮은 능력/지능은 자신이 어떻게 해도 달라지지 않는다.'는 믿음 때문에, 주은이는 학습 장면에서 성공을 위해 효과적인 방법을 사용하거나 끈기있게 노력하는 대신 부적절한 행동을 하게 되는 것이다. 주은이가 가진 이러한 신념은 학교 장면에서의 학습뿐 아니라 삶의 전반적인 영역에도 영향을 미친다. 주은이와 같은 아동 · 청소년이 가진 더 큰 문제는 학습 장면에서의 실패가 아니라 성공/성취를 위한 효과적인 방법을 배우지 못했고, 또 배우려 하지 않는다는 점이다.

{ 비효율적인 학습 방법 }

부모들이 항상 자녀들에게 하는 말은 "공부 열심히 해라."다. 공부를 열심히 하라는 것은 공부를 어떻게 하라는 말인가? 공부하는 시간을 길게 가지라는 의미인가? 규하의 경우, 학교수업을 마치고 학원도 가고 인터넷 강의도 듣고 시험 기간에는 엄마가 짜 준 계획표대로 시험 준비를 하는 등 학습 자료를 붙잡고 있는 시간이 결코 짧지 않다. 그런데 왜 규하는 학업에서의 성취가 낮을까? 공부는 오랜 시간 끈기를 가지는 것도 중요하지만 '어떻게' 공부하는지, 다시 말해 공부 방법이 더욱 중요하다.

중간고사를 마친 규하에게 시험이 어땠는지를 물어보자 풀이 죽은 채로 "망쳤다."고 말한다. 왜 망친 것 같은지 묻자 갑자기 억울하다는 표정으로, "저요, 진짜 시험 범위 내용 다 봤거든요. 이번에는 두 번이나 봤다고요. 그런데도 망쳤어요!"라고 화를 내더니 다시 풀이 죽어서는 "제가 진짜 돌머리인가 봐요. 열심히 해도 안 된다니까요."라고 말한다.

규하는 중간고사 시험 준비를 어떻게 했을까? 규하가 말하는 "공부를 열심히 했다."는 것은 어떤 의미인가? 대부분의 학생은 오랜 시간 동안 학습 과제를 붙들고 그것을 읽고 또 읽거나, 형광 펜과 색연필로 교과서나 참고서에 알록달록하게 밑줄을 긋거나, 중요한 단어들을 중얼중얼 외우며 연습장에 새까맣게 적는 것을 '열심히 공부하는 것'으로 생각한다. 이런 방법은 '열심히'는 맞지만 학습을 위한 '효과적인 방법'은 아니다. 역사과목 시험 준비를 위해 교과서의 시험 범위를 2시간 꼬박 밑줄을 그으면서 열심히 읽었다고 하자. 학교 학습에서의 성취는 누가 오래 읽었는지가 아니라 누가 얼마나 읽은 내용을 잘 기억하는지, 시험 문제에 알맞은 답을 기억해 내는지에 따라 평가된다. 따라서 '오래 많이 읽은 것'이 아니라 '정확히 많이 오랫동안 기억하는 것'이 더 중요하다. 학업성취가 높은 학생들의 경우 자기에게 적합한 공부 방법을 알고 적용하는 경우가 많다. 자기조절학습 분야에서 저명한 학자인 뎀보 교수는 성공적인 학습자successful learner인 '똑똑한smart' 학생들은 다른 학생들이 배울 수 없는 특별한 능력을 가진 것이 아니라고 역설했다. 그들은 다른 학생들에 비하여 효과적인 방법으로 공부를 하는 것이라고 강조하였다Dembo & Seli, 2016. 그는 제대로 된 공부 방법을 배운다면 누구나 '똑똑해지는 것'이라고 덧붙였다. 열심히 공부하는 것보다 '똑똑하게' 공부하는 법을 배우는 것이

[무조건 오래 공부하기]　　　　[제대로 된 방법으로(smart) 공부하기]

중요하다. 특히 학습부진 아동·청소년의 경우 학교 학습 장면에서 자신의 능력이 드러나지 않도록 하는 데 집중함으로써 성공을 위한 효과적인 공부 방법을 배울 기회가 없었다. 그러므로 이들은 학습에 있어서 낮은 성취를 반복적으로 경험해 왔다. 그리고 이것은 자기 자신과 자신의 능력에 대한 부정적인 신념을 보다 견고하게 만들고, 이는 다시 학습에서의 실패를 유발하는 악순환을 초래한다.

{ 전반적 학교생활의 부적응 }

학습부진 문제가 있는 아동과 청소년의 경우, 전반적인 학교생활에서 많은 어려움과 고통을 겪는다. 교과학습에서의 어려움은 말할 것도 없고, 반복되는 실패 경험으로 자존감이 낮아지고 학교나 학급의 분위기에 따라 '공부 못하는 애'라는 꼬리표라도 붙게 된다면 학습부진 아동·청소년은 학교생활에 재미를 느끼지 못할 것이다. 경우에 따라서는 친구가 없고 의욕도 없고 실패에 대한 두려움을 가지는 등 학교생활 전반에 대한 부적응 양상을 보일 수 있다.

학습부진 아동·청소년의 경우 학교나 학급을 경쟁적인 환경으로 인식하는 경우가 많다. 앞에서 살펴보았듯이 학습부진 문제를 가진 아동이나 청소년은 경쟁 상황에서 자신의 성공이나 성취를 예견하거나 기대하기 어려우므로 쉽게 화를 내거나 변명을 하며 활동을 포기한다. 어쩌면 정말 간절하게 성공과 성취를 바라기 때문에 그만큼 실패를 두려워하는 것일 수 있다. 그래서 무엇인가 해 보기도 전에 이미 스스로를 실패자라고 여기면서 아무것도 시도하지 않게 되는 것이다. 이러한 양상은 아이들이 상급학교로 진학할 때 쉽게 관찰된다. 초등학교까지는 높은 학업 수행을 보이던 아이들이 시험 성적이나 등수가 공개되거나, 성적이 오른 만큼 학급이나 학교 내에서 누릴 수 있는 혜택이 많아지는 규칙을 가진 중학교나 고등학교에 올라가서는 급격히 수행이 저조해지기도 한다. 이는 경쟁적인 상황에서 자신의 성공보다는 실패를 더 많이 예견하는 아동·청소년이 다른 아이들의 수행과 비교하여 스스로를 더욱 무능하다고 평가하여 위축되기 때문이다.

학습부진은 진단명은 아니다. 그러나 학교 장면에서 '학습부진'의 꼬리표를 달게 되면 아동·청소년은 스스로를 지각하는 자기개념에 영향을 줄 수 있다. 또한 교사가 학생에게 가지게 되는 기대에 영향을 미칠 수 있다. 하버드대학교 사회심리학과 교수인 로버트 로젠탈Robert Rosenthal과 20년 이상 초등학교 교장을 지낸 레노어 제이콥슨Lenore Jacobson은 1968년에 미국 샌프란시스코의 한 초등학교에서 아주 흥미로운 실험을 하였다. 그들은 초등학교 전교생을 대상으로 지능검사를 한 후, 검사 결과와 상관없이 무작위로 한 반에서 20% 정도의 학생을 뽑아서 '지적 능력이나 학업성취의 향상 가능성이 높은 학생들'이라고 하면서 교사들에게 명단을 전달하였다. 8개월 후 이전과 같은 지능검사를 다시 실시한 결과, 교사에게 지적으로 뛰어난 학생이라고 무작위로 뽑아 전달했던 명단에 속한 학생들은 다른 학생들보다 평균 점수가 높게 나왔을 뿐 아니라 학교 성적도 크게 향상되었다. 이 실험의 결과는 학생들의 성취와 학업 능력의 향상에 기여한 것은 학생들의 실제적인 지능지수가 아니라 교사의 기대와 격려임을 보여 주었다. '유능한 학생'에 대한 교사의 기대는 그 학생에 대한 교사의 인식과 태도에 영향을 미쳤다. 이것은 또한 학생 자신이 스스로에게 갖

는 기대와 동기 및 실제 수행에 영향을 미치게 된다. 이것을 심리학에서는 '피그말리온 효과Pygmalion Effect' 또는 '자성예언, 자기충족적 예언Self-Fulfilling Prophecy'이라고 한다. 로젠탈과 제이콥스의 실험은 학교뿐 아니라 가정과 사회에서 학습의 어려움을 가진 아이들을 어떤 이름으로 부르고 있으며, 그들에게 부여된 이름이 아동·청소년들로 하여금 잠재력을 충분히 발휘하는 것을 제한하는지의 여부를 점검해 볼 필요가 있다. '돌머리' '모지리' '우리 반 문제아' 등등의 꼬리표는 아동으로 하여금 형제나 또래 친구들, 다른 교사들로부터 수용과 존중을 받는 것을 어렵게 하고 따돌림으로 이어진다. 차별과 편견은 아동의 잠재력을 실현하는 데 매우 심각한 장애요소가 될 수 있다.

[피그말리온 효과]

그리스 신화에 나오는 조각가 피그말리온은 아름다운 여인상을 조각하고, 그 여인
상을 진심으로 사랑하게 된다. 여신(女神) 아프로디테(로마신화의 비너스)는 그의
사랑에 감동하여 여인상에게 생명을 주어 사람으로 바꾸어 주었다. 간절히 원하고
기대하면 원하는 바를 이룰 수 있다는 이야기에서 유래한 '피그말리온 효과'는 긍정
적인 기대나 관심이 사람에게 좋은 영향을 미치는 것을 보여 준다.

[로젠탈 실험]

로젠탈 실험 결과는 교실 장면에서 교사의 기대가 실제 능력과 무관하게 학습자의
성취를 높이는 결과를 가져왔음을 보여 준다. 결국 부모, 교사의 기대와 아동을 어
떻게 바라보고 이름을 붙이는지(identifying)가 아동의 성취에 영향을 미친다.

학습부진 아동·청소년에게 학교생활, 특히 수업에 대해 물으면 대부분의 아이들은 '지루하다, 따분하다, 재미가 없다, 관심 없다, 지겹다, 가기 싫다' 등의 부정적인 반응을 보인다. 지루함이나 따분함은 주의집중을 감소시키고 학업 수행, 동기, 자기조절을 방해하기 때문에 학습에 큰 문제가 된다. 그런데 아동들이 '지루하다, 따분하다'고 할 때는 아동마다 다른 의미로 사용할 수 있음을 기억해야 한다. 어떤 아동에게 '지루하다'는 지금 배우는 내용이 너무 어려워서 이해하지 못하겠다는 의미이지만 어떤 아동에게는 너무 쉬워서 흥미가 없다는 뜻일 수 있다. 그러나 대부분의 경우 따분함, 지루함은 자료가 어렵고 이해하기가 곤란한 경우에 느끼게 되므로 실패를 경험하게 될 수 있다. 더 큰 문제는 한 영역에서 쉽게 패배감을 느낀 아이는 자신이 잘해 온 다른 영역에도 이러한 패배 양식을 적용하게 되기 쉽다는 것이다. 이런 좌절과 실패의 경험이 반복되면 아동은 '학교 공부는 항상 어렵다'고 생각하게 되어 아예 시도조차 하지 않으려는 무력감에 빠지게 되고, 이것은 실제 학습 영역에서 낮은 성취를 초래하게 된다. 특히 지루함이나 따분함은 '조용한 정서silent emotion'로 불안이나 분노처럼 다른 사람들에게 쉽게 관찰되는 감정은 아니다. 그러나 이것은 학교뿐 아니라 비학습 상황에서의 부정적인 결과를 초래하는 것으로 알려져 있다Pekrun et al., 2010. 따라서 아동들의 전반적인 삶의 영역에서 부적응의 원인이 될 수 있다.

그 외에도 학습부진 문제를 가진 학생은 일상적으로 부딪히는 문제를 해결하는 데도 더 많은 좌절을 느끼고, 신체적·심리적으로 힘든 상황에서 참을성이 적으며 과잉반응을 할 수 있다. 학습 장면에서 반복적으로 실패를 경험한 아동·청소년은 과정 자체를 즐기는 법을 배우지 못했다. '내가 능력이 없어서 못 하는구나.'라고 생각하는 아동은 새로운 것을 배우는 것보다는 자신의 무능력이 드러나지 않도록 하는 데 급급하다. 무능력을 드러내지 않기 위해 아예 달성조차 어려운 목표를 세우거나, 별다른 노력 없이도 누구든 쉽게 이룰 수 있는 목표를 세운다. 때로는 자신이 능력이 없어서 어차피 실패할 것이라고 생각하기 때문에 아예 노력을 하지 않게 된다. 이러한 과정을 반복적으로 경험한 아동의 경우, 학습 장면이 아닌 일상생활에서의 문제해결 상황에서도 쉽게 좌절감을 느끼고 포기한다. 무엇을 성취한다는 것은 그 과정 중에 성공과 실패를 경험해 가면서 도달하는 것이다. 따라서 그런 '아슬아슬함'을 즐기고 견딜 줄 알아야 진정한 성취를 이루고 성취감을 맛볼 수 있다.

상담실에서 만난 5학년 용주는 주로 초등 저학년이 선호하는 보드게임을 고르거나 색깔 이름이나 동물 이름 빙고게임만 하고 싶어 했다. 놀이치료사가 또래에게 인기 있는 전략적 보드 게임이라던가 다소 난이도가 있는 놀이를 권하면 마지못해 한두 번 하는 둥 마는 둥 하다가 포기하고는 다시 어린 동생들이 하는 쉬운 게임들을 선택했다.

체스나 오목을 좋아하는 4학년 석호의 경우에는 자신이 질 것 같으면 갑자기 규칙을 바꾸거나 게임판을 엉망으로 만들어서 놀이 자체를 중단해 버린다. 아이들은 낯설지만 새로운 게임의 규칙을 배운다거나 내가 질 것 같아 속상하고 조마조마한 순간을 견뎌내고 넘길 수 있다면 더욱 재미있게 놀이를 할 수 있다. 그러나 석

호는 중간에 포기하거나 망쳐 버리고 화내는 것을 선택한다. 왜 그럴까? 이런 아이들은 '보상', 즉 결과만 생각하기 때문이다. 게임에서 이기는 것, 시험에서 100점을 맞는 것, 다른 친구들보다 점수가 좋은 것만 생각하고 바라다 보면 그 과정에서의 어려움이나 지루함을 견디지 못하게 된다. 아동은 학습이든 놀이든 간에 새로운 것을 알아가는 과정이 즐겁다는 것을 경험할 필요가 있다.

[학습부진 아동 · 청소년의 일상생활에서의 특징]

1. 상대적으로 만족하는 성취 패턴 이후에 최근 일관된 부진 패턴을 보인다.
2. 가정과 학교에서 자신에게 부과된 개인적인 책임(집안일, 공부와 숙제 완수)을 지속적으로 미룬다.
3. 자신의 책무를 제대로 이행하지 못한다.
4. 자신의 장기적인 대부분의 책무(교과목, 음악 레슨, 어떤 활동을 매일 연습하는 것 등)에 대하여 오랫동안 점진적으로 혹은 급격하게 관심이 감소한다.
5. 과제를 수행할 때 어떤 어려움이나 좌절의 첫 번째 신호에 쉽게 포기하거나 흥미가 줄어드는 경향이 있다.
6. 선택적으로 기억한다. 예를 들어, 책임져야 할 것(집안일, 숙제, 교과서, 할당된 일, 시험 자료)에 대해서는 잘 망각한다. 하지만 다른 부분(취미, 스포츠, 친구와의 활동 등)은 기억한다.
7. 앞으로는 학습 수행을 향상시키고 가사를 제대로 수행하겠다는 분명한 언어적 약속을 잘한다.
8. 주의가 산만한 편이다. 특히 숙제나 집안일을 할 때 잘 나타난다.
9. 부진한 수행에 대해 많은 변명을 한다.
10. 일반적으로 부모, 교사, 친구, 심지어 학습부진아 자신이 주목할 만한 게으름과 동기 결여가 보인다.
11. 명백한 정신장애라는 진단적 전조(불안, 우울, 망상, 환각, 공포, 감정의 기복, 사고장애 등)가 거의 없다.
12. 시험과 성적표 받는 시간을 제외하고는 부진한 수행에 관해 거의 걱정하는 모습이 보이지 않는다.

13. 대체로 부모, 형제, 친구, 동료, 교사와의 관계가 좋은 편이다.

14. 자아와 미래에 대한 성찰이 결핍되어 있다.

15. 자신에 대한 편안함이나 만족감을 느끼며, 보통 자신의 인생을 순항하는 것으로 묘사하기도 한다.

16. 자신보다는 타인에 대해 좀 더 많은 책임감을 가진다. 자신의 숙제는 잊어버릴지라도 선생님이나 친구의 심부름은 기억한다.

17. 진짜 문제 행동, 심각한 반사회적 행동이나 비행 행동은 거의 보이지 않기도 한다.

18. 학습장애나 주의력결핍장애에 대해 측정할 만한 증거가 없다.

19. 학업 수행에 관해 과대평가하는 경향(학교 공부가 어떠냐고 물어보면 잘 되어 간다고 대답할 것이다)이 있다.

20. 개인적인 책임(학업, 집안일)에 대해 자각할 필요가 있다.

21. 상당한 보상이나 처벌에도 아랑곳하지 않고, 평범한 성취 패턴에 의미 있는 변화가 일어나지 않는다.

22. 언어 사용에서 소극적인 목소리, 모호함, 일반론적인 이야기, 다른 독특한 언어적 성격을 보인다.

출처: 김동일 외(2011), p.107.

학습부진의 원인: 환경적·심리적 원인

학습부진은 지능이 정상 범위에 속함에도 환경적·심리적 요인에 의하여 학업성취 수준이 또래에 기대되는 수준에 비하여 현저하게 낮은 것을 말한다. 학습 장면에서 성취란 수업 중 또는 방과 후에 학습한또는 학습할 내용을 스스로 읽거나 탐구하거나 아니면 주어진 과제를 완성함으로써 이루어지는 것이다. 그러나 학습부진 아동은 이러한 성취 과정을 배우지 못한 채 학교 학습으로부터 점점 멀어져서 결국 매우 낮은 학업성취를 보인다. 그렇다면 아동의 학습부진을 야기하는 요인은 무엇일까? 환경적으로는 아동이 처한 낮은 사회경제적 수준과 가정불화, 그리고 정서적으로는 아동이 맺고 있는 관계에서의 문제가 아동의 학습 성취 과정을 방해하는 요인이라고 할 수 있다.

낮은 사회경제적 수준 그 자체가 학습부진의 원인이 되는 것은 아니지만 아동에게 학습 문제가 있을 경우 그것을 더 심각하게 하고 지속적으로 유지시키는 위험 요인risk factors으로 작용할 수 있다. 아동이 다양한 학습 자극에 노출될 기회가 적거나 학습 동기에 영향을 미쳐 학습부진을 초래할 수 있다. 예를 들어, 영어 학습을 생각해 보면 초등학교 입학 시점에 학령기 이전의 유치원이나 사교육, 해외여행 경험을 통해 알파벳을 읽고 쓸 줄 알며, 간단한 영어 단어나 문장을 읽고 쓰고 말할 줄 아는 학생과 초등학교 1학년에 입학하면서 처음으로 알파벳을 접하게 된 아동과는 영어 학습에 대한 흥미나 동기 측면에서 차이가 있을 수밖에 없다. 수업 장면에서 교사와 상호작용을 하면서도 '무슨 소린지 하나도 모르겠다, 내가 모르는 얘기만 하는구나.'라고 생각하는 아동은 이미 수업 내용에 흥미를 잃고 학습 활동 참여가 저조해진다. 부족한 영어 기초 지식과 낮은 동기, 저조한 학습 활동 참여는 아동의 학년이 올라갈수록 누적되어 중·고등학생이 되면 영어 과목에서의 상당한 학습 손실을 나타내게 된다.

  부모가 심한 갈등으로 불화하는 경우, 자녀들은 불안과 공포, 혼란을 경험하게 되며 이것은 장기적으로 낮은 자존감을 갖게 하고 학습에 부정적인 영향을 미친다. 아동은 부모의 이혼이나 가족원의 사망, 반려동물의 죽음, 이사나 전학, 대인관계상의 어려움 등 생활환경에 급격한 변화가 있으면 스트레스에 과민한 상태가 된다. 이러한 상황의 아동은 작은 자극에도 쉽게 불안, 초조감을 느끼고 집중에 어려움을 겪으므로 안정적인 학습이 어려울 수 있다. 부모나 주변의 기대를 충족시키고자 하는 욕구가 큰 아동의 경우, 시험에 대한 과도한 불안으로 긴장이 높아져서 실제 수행에서는 오히려 저조한 결과를 얻을 수 있다. 때로는 부모의 잘

못된 양육 태도나 불안정한 애착 관계로 인해 우울감을 느끼는 아동이 학업이나 기타 활동에 대한 의욕이나 동기 자체가 낮거나 없을 수도 있다.

소중한 대상 또는 반려동물의 죽음

이사·전학 스트레스

부모와의 불안정애착

친구 문제, 교사와의 갈등

부모 갈등이나 이혼(가정불화)

부모의 잘못된 양육 태도

주위의 높은 기대로 인한 불안

질병

가족의 사회경제적 어려움

[학습부진에 영향을 미치는 다양한 환경적·심리적 요인들]

이와 같이 학습부진은 학습 장면에서의 반복된 실패 경험의 누적, 흥미와 의욕 상실, 환경적 결핍 그리고 정서 문제에 의해 발생하거나 지속·악화될 수 있다. 이러한 학습부진은 아동 및 청소년 개인의 건강 문제나 성격 문제 등의 개인 내적 요인에 기인하거나, 잦은 이사와 전학, 가족 구조의 변화, 교사 또는 친구와의 관계, 사회적 변화 등과 같은 외적 요인과 관련이 있을 수 있다. 따라서 아동이 겪는 학습의 어려움을 해결하기 위하여 아동에게 영향을 미치는 내적·외적 요인을 모두 고려하여 접근할 필요가 있다.

유형	특징	지도 요령
불안형	• 긴장을 잘하고 발표를 미룬다. • 너무 잘하려고 집착한다.	• 다른 생각에 빠져 있는 시간이 많아서 공부에 집중을 못하고, 남들의 평가나 시선에 민감하다. 관리해 줄 멘토가 필요하며, 생각하는 시간과 학습하는 시간을 구분하는 훈련을 시킨다.
무사태평형	• 게으르다. • 학교나 집에서 심부름을 자주 잊는다. • 노력은 하지 않으면서 잘하겠다는 말만 한다. • 자신의 성적을 대충 높여서 말한다. • 상벌의 효과가 별로 없다. • 자신의 미래에 관심이 없는 편이다. • 시작은 거대하나 끝은 초라한 경우가 많다.	• 일상에서 구체적으로 생활 관리를 도와주어야 한다. 기존의 사고 방식을 서서히 바꾸어 나가도록 하나하나 의미를 부여해 주는 것이 좋다.
정체성 추구형	• 혼자만의 생각에 사로잡혀 있고, 감정 변화가 많다. • 고집이 세고 주변 사람들에게 신경을 많이 쓴다.	• 멘토의 도움을 많이 받는 스타일로, 상담을 자주 하여 복잡한 생각과 현실이 균형을 이룰 수 있도록 도와준다.
책략가형	• 거짓말을 잘한다. • 시험을 볼 때 부정행위를 하는 경우가 있다.	• 시험을 볼 때 부정행위를 하거나 남의 물건을 훔치는 경우도 있지만, 성격장애라고 할 정도는 아니다. 아직 ADHD 성향이 남아 있거나 잠재되어 있는 아이들이므로 평가와 관계 맺기가 중요하다. 천천히 매우 점진적으로 개선되는 유형이므로 긍정적인 마인드를 갖고 진로의 연장선에서 지도한다. 현실에서 사건이 일어나지 않도록 지도하는 것이 중요하다.

○
마커스와 맨델
(Marcus & Mandel)의
학습부진 유형에
따른 특징과
지도 요령
(김현수, 2015,
pp. 50-51)

유형	특징	지도 요령
우울형	• 자주 피곤해하며 쉬려고만 한다. • 무기력하고 우울하다.	• 부정적이고 비관적인 사고를 점진적으로 개선해 나가는 것이 바람직하다. 현실에서 벌어지는 일들이 아동·청소년에게 영향을 덜 미치도록 도와야 하고, '나는 아무리 해도 안 돼.'라는 사고를 바꾸어 주도록 한다.
반항형	• 성질을 잘 낸다. • 어른의 권위에 도전하려고 한다. • 남을 무시한다. • 반사회적 유형과는 달리 비행을 저지르지는 않는다.	• 긍정적 태도를 갖는 데 초점을 맞춘다. 비난하지 말고 사실을 받아들이며 자신에게 집중하도록 한다. 까칠한 태도를 나무라면 역효과가 나므로 긍정적으로 대해 준다. 다른 것을 비난하는 데 시간을 허비하지 말고 자기 자신을 위해 시간을 쓰라고 조언한다.

Part 2

엄마, 아빠, 공부가 좋아지도록
이렇게 도와주세요

지능은 변하는 것 vs. 변하지 않는 것? 지능에 대한 나의 믿음을 점검해 보세요

성공하면 부모 덕, 실패하면 네 탓? 결과의 원인을 무엇으로 돌리고 계신가요?

나를 움직이는 힘은? 학습동기와 학습무동기

"너는 할 수 있어!"라고 말해 주세요: 자기효능감의 증진

자녀의 실제 학습 능력과 학습 손실분을 정확히 파악하세요

효과적인 학습 전략을 사용하도록 도와주세요

감정 조절을 위한 롤모델이 되어 주세요

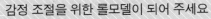

우리 자녀가 왜 공부하기 싫어하고 어려워하는지, 왜 자신의 잠재적인 능력 수준에 비하여 현저하게 낮은 성취를 보이는지 이해하였다면 지금부터는 부모로서 아이의 학습 문제를 어떻게 도울 수 있을지 생각해 보아야 한다.

　아이는 부모의 거울이라는 말이 있다. 부모가 말하고 행동하는 대로 자녀들이 보고 배우고 따라하면서 자신의 행동 습관을 형성해 간다는 뜻이다. 그런데 자녀들은 부모인 우리의 말과 행동만을 따라하며 배우지 않는다. 부모인 우리의 말과 행동을 만드는 우리의 '생각'까지도 자녀들의 행동 습관 및 성격 형성에 영향을 미친다. 왜냐하면 우리의 '생각'이 우리의 말과 행동에 반영되기 때문이다. 이 장에서는 학습에 어려움을 가진 자녀들을 실제로 도울 수 있는 방법뿐 아니라, 부모들이 가지고 있는 성취에 부정적 영향을 줄 수 있는 '생각'에 대해서도 살펴보고자 한다. 부모의 생각이 변화하지 않는다면 자녀들에게 진정한 성취와 성공을 지향하는 양육 태도로 대할 수 없기 때문이다.

지능은 변하는 것 vs. 변하지 않는 것? 지능에 대한 나의 믿음을 점검해 보세요

누군가 학교 공부를 잘한다거나 성적이 좋다는 이야기를 할 때, "아, 누구누구는 머리가 좋아서……."라는 말을 많이 한다. 공부를 잘한다는 것은 머리가 좋다는 이야기일까? 일반적으로 '머리가 좋다'고 할 때, 사람들은 지능이 높다고 생각한다. 실제로 지능과 학업성취 간에는 높은 상관이 있다고 보고하는 많은 연구 결과가 있다. 이런 연구들에 따르면 지능이 학업성취의 15~36% 정도를 설명해 준다고 한다. 다시 말해서 지능지수가 높은 아동은 학교에서 높은 성취 수준, 즉 성적이 좋을 것이라고 쉽게 예측할 수 있다. 그러나 학업성취 수준을 예측할 수 있는 지능의 정도가 최대 36%라면, 학업성취의 60% 이상은 지능이 아닌 다른 요인들로 설명할 수 있다는 말이다. 그러므로 지능은 학교에서의 성취를 예측할 수 있는 중요한 변인이기는 하지만 성취 수준을 설명하는 데 절대적이고 유일한 요인은 아님을 알 수 있다. 따라서 신뢰할 수 있는 지능검사 수행을 통해서 아동이 각 영역별로 어떠한 인지적 발달 수준을 보이고 있는지를 정확히 아는 것이 바람직하다. 이것은 아동이 학습에서 경험하는 어려움에 대해 보다 구체적으로 이해하고 적절한 전략을 세우는 데 도움이 되기 때문이다.

그러나 객관적인 지능검사 결과만큼이나 학습에 영향을 미치는 것이 개인이 가진 지능에 대한 신념이다_{Dweck, 1999; Dweck & Leggett, 1988}. 지능 또는 능력이 나의 노력에 의해 변할 수 있다고 생각하는지_{지능에 대한 증가이론, Incremental Theory} 아니면 지능 또는 능력이 내가 아무리 노력해도 변하지 않는 고정적인 것이라고 생각하는지_{지능에 대한 실체이론, Entity Theory}에 따라서 아동이 학습에 대해 갖게 되는 태도가 달라진다. 내가 아무리 노력해도 나아지거나 달라질 것이 없다면, 사람들은 목표로 하는 결과를 향해 노력하는 것을 포기하기 쉽다. 반면에 나의 노력에 따라 지능이나 능력이 달라질 수 있다고 믿는다면, 어려움을 겪는 순간에도 앞으로 달라질 결과에 대해 기대하며 노력을 중단하지 않는다. 또한 지능에 대해 자신이 가진 신념에 따라 학습 목표가 달라진다. 즉, '지능/능력은 고정적'이라고 믿는 아동은 지식이나 기술을 습득하기보다 자신의 수행에 대한 부정적인 평가를 피하는 것에만 치중하게 된다. 즉, 자기-가치_{self-worth}를 보호하기 위한 전략을 주로 사용한다. 다시 말해, 학습보다는 자신의 능력이 어느 정도인지를 입증하기 위한 목표, 즉 유능성을 보이기 위한 수행목표_{performance goal}를 설정하게 된다. 수행목표를 설정하는 아동은 자기가 다른 사람들보다 상대적으로 능력이 더 높다는 것을 입증하거나 과시하려고 한다. 때로는 다른 사람들이 자신의 능력이 낮다고 인식하는 것을 피하고자 하는 데 관심을 둔다. 반면에 '지능/능력은 변화 가능하다'고 믿는 아동이라면, 학습 상황에서의 실패나 저조한 성취를 '패배'라고 여기기보다는 앞으로 자신이 개발하고 노력해야 할 부분이 무엇인지 알려 주는 피드백으로 받아들인다. 따라서 지능/능력은 변할 수 있는 것이라는 믿음을 가진 아동은 능력 향상을 목적으로 하는 학습 지향 및 숙달목표mastery goal를 설정한다. 숙달목표란 학습 과제 자체를 마스터함으로써 새로운 지식이나 기술을 습득하고 능력을 높이며 도전적인 과제를 성취하는 데 초점을 둔 목표다.

내 노력으로 나의 능력/ 지능을 바꿀 수 있다는 믿음 (지능에 대한 증가 이론)	내 노력과 무관하게 능력/ 지능은 타고 난 것이라는 믿음 (지능에 대한 실체 이론)

〈실패 상황〉

- 새로운 과제에 도전
- 지속적인 노력

- 자신이 잘 알고 익숙한 과제 반복
- 새로운 시도 회피
- 노력 중단

이렇듯 아동이 지능과 능력에 대해 어떠한 믿음을 가지는가에 따라 아동이 가진 목표지향성Goal Orientation과 '노력'에 대한 태도에 차이를 보인다. 만약 지능/능력이 변화하는 것이라고 믿는 아동이라면 학습 상황에서 어려움을 겪을 때, 예를 들면 방금 읽은 내용을 이해할 수 없거나, 알고 있는 공식으로 수학 문제를 풀고 있는

데 자꾸만 오답이 나오는 경우, 복잡한 한자를 암기해야 하는 경우, 또는 과학 시간이 너무 지루하다고 느끼는 경우에 그 상황을 극복하고 문제를 해결하기 위해 노력을 기울이게 될 것이다. 왜냐하면 어려움을 극복하고 문제를 해결하려는 지속적인 노력은 자신의 능력을 향상시키는 것이기 때문이다. 아동은 이 같은 노력을 통해 유능감efficacy을 획득하게 된다. 그러나 지능이나 능력이 자신의 노력 여부에 따라 변하는 것이 아닌, 이미 고정된 것이라고 믿는 아동이라면 학습 상황에서 많은 노력을 하는 것을 거부한다. 왜냐하면 이러한 아동에게 '노력을 한다'는 것은 곧 자신의 능력 없음을 인정하는 것이 되기 때문이다. '1등인 재인이가 100점을 받는 것은 재인이의 머리가 좋기 때문이다. 머리가 좋은 아이들은 별다른 노력이 없이도 좋은 성적을 얻는다. 만약 내가 열심히 노력해서 100점을 받는다면 그것은 내가 머리가 좋지 않다는 증거다.' 지능/능력이 고정된 것이라는 믿음은 아동으로 하여금 노력의 가치에 대해 평가절하하도록 만든다.

이와 관련하여 스탠포드 대학교의 캐롤 드웩Carol Dweck 교수는 지능에 대해 개인이 가진 믿음을 '마인드셋mindset'이라는 개념을 통해 설명하고 있다Dweck, 2006. 드웩은 사람들은 '고정 마인드셋fixed mindset' 또는 '성장 마인드셋growth mindset' 둘 중 하나를 가지고 있다고 주장했다. '고정 마인드셋'을 가진 사람은 자신의 뇌와 지능은 발달되는 것이 아니라고 믿으므로 성공이란 자신이 처음부터 가지고 태어난 인지 능력의 분량에 달려 있는 것이라고 본다. 그러므로 이런 사람들은 "어떻게 하면 똑똑해 보일까?"에 가장 신경을 많이 쓴다. 새로운 것에 도전하는 것을 피하고, 실수를 못 견딘다. 최소한의 노력을 하기 때문에 결국 장기적인 측면에서는 낮은 성취를 보인다. 반면에 '성장 마인드셋'을 가진 사람은 자신의 두뇌 또는 지능은 발달하는 것이라고 믿기 때문에 남들에게 '똑똑하게 비춰지는 것'에 그다지 신경을 쓰지 않는다. 이들은 도전적인 상황을 기꺼이 받아들이고, 성취를 위해 많은 노력을 기울이기 때문에 장기적으로 보면 좋은 결과를 얻게 된다. 그렇다면 이 두 마인드셋 간의 가장 중요한 차이는 무엇일까? 바로 노력에 대한 관점이다. '고정 마인드셋'을 가진 사람들이 자신을 보는 관점은 애초부터 '나는 능력이 있는 사람'이거나 아니면 '나는 능력이 없는 사람'이기 때문에 성공을 위해 개인이 노력할 부분은 거의 없다고 생각한다. 말하자면, 이들은 성공에 대해서 '운명론자'인 것이다. 하지만 '성장 마인드셋'을 가지고 있는 사람이라면 '성공은 노력의 결과'라고 믿기 때문에 어려운 상황에서 포기하지 않고 지속적으로 노력한다.

·

나는 어떤 마인드셋을 가지고 있을까?
- 나의 마인드셋 평가하기 -

당신은 어떤 마인드셋을 가지고 있는가? 당신이 지능에 대해 어떤 관점을 가지고 있는지 다음 문장을 읽어 보고 1~5점으로 평가해 보자.(1은 전혀 아니다~5는 매우 그렇다)

1. 지능이란 나의 매우 근본적인 측면이므로 내가 그것을 변화시킬 수 있는 여지는 거의 없다.
2. 나는 새로운 것을 배울 수는 있지만 내가 얼마나 똑똑한지를 바꿀 수는 없다.
3. 내 지능이 얼마나 높든 간에, 나는 항상 그것을 상당한 수준으로 변화시킬 수 있다.
4. 나는 항상 나의 지능의 상당 부분을 변화시킬 수 있다.

1번과 2번 문장은 '고정 마인드셋'을, 3번과 4번 문장은 '성장 마인드셋'을 나타낸다. 당신은 어떤 유형의 마인드셋에 더 동의하였는가? 다음은 당신 스스로에게 다음과 같은 질문을 던져 보자. "나는 언제 스스로 똑똑하다고 느끼는가?" 이 질문에 대한 답을 아래에 적어 보라.

당신의 답은 아마 다음의 두 진술 사이의 어딘가에 위치할 것이다(Dweck, 2006, p. 24).

1. "나는 내가 아무런 실수를 하지 않았을 때 똑똑하다고 느낀다."에서 "내가 실수를 했지만 그것에서 무엇인가를 배웠을 때, 나는 스스로 똑똑하다고 느낀다."
2. "내가 어떤 일을 완벽하게 끝냈을 때 똑똑하다고 느낀다."에서 "내가 아주 오랫동안 어떤 일을 하고 있다가 드디어 방법을 알아냈을 때 나는 내가 똑똑하다고 느낀다."

당신이 가지고 있는 마인드셋은 어떤 유형인지 분석해 보라. 앞의 연습을 마쳤다면 당신은 자신이 어떤 마인드셋을 가졌는지 알게 되었을 것이다. 또한 이 연습을 자녀와 함께 해 봄으로써 자녀가 가진 마인드셋의 유형을 파악할 수 있다.

만일 나와 내 자녀가 '고정 마인드셋'을 가지고 있다면 이것을 어떻게 '성장 마인드셋'으로 바꿀 수 있을까? 드웩 교수는 '고정 마인드셋'을 '성장 마인드셋'으로 바꾸는 과정을 다음의 네 단계로 제시하고 있다(http://mindsetonline.com).

- 1단계: 당신의 '고정 마인드셋'의 '목소리'를 듣는 법을 배우라. 당신의 '고정 마인드셋'은 무엇이라고 말하는가? "만약 네가 실패한다면 너는 실패자가 된다." "네 친구들이 너는 능력/지능이 없다고 생각하면서 너를 비웃을 것이다."라고 말하는가? 아니면 "그 과목에서 높은 점수를 못 받은 게 네 잘못은 아니다." 라고 말하는가? 마음속에서 일어나는 혼잣말이 결국 나의 마인드셋을 지배한다.

- 2단계: 선택은 당신에게 달려 있음을 인식하라. 같은 상황을 좌절로 해석할 것인지 아니면 도전으로 해석할 것인지는 당신에게 달려 있다. 당신은 성공하기에는 능력/지능이 부족하다고 결론을 내릴 것인가 아니면 당신 자신에게 좀 더 노력하면 다음에는 보다 잘할 수 있을 것이라고 말하겠는가?

- 3단계: 당신의 '고정 마인드셋'에 대해 '성장 마인드셋'의 목소리로 반응하라. 예를 들어, 당신의 '고정 마인드셋'이 "노력하지 마, 노력을 안 해야 실패했다는 얘기를 안 듣지."라고 속삭인다면, 이것에 대해 다음과 같은 '성장 마인드셋'의 목소리로 답하는 것이다. "노력을 하지 않으면 자동적으로 실패한다. 그러니까 노력을 해야지."

- 4단계: 당신의 '성장 마인드셋'이 활동하도록 하라. 실수에서 무엇인가를 배우고 다시 도전함으로써, 도전을 받아들임으로써, 그리고 건설적인 비판들을 수용함으로써 성장의 기회를 가져라.

'고정 마인드셋'을 '성장 마인드셋'으로 변화시키는 데 가장 중요한 것은 양쪽의 목소리를 다 듣고 '성장 마인드셋'의 목소리를 선택하여 실행하는 것을 반복적으로 연습하는 것이다. 만약 당신과 당신의 자녀가 '성장 마인드셋'을 가지고 있다면, 학업 수행과 관련된 다양한 동기나 학습 전략들의 가치를 이해, 수용하고 실제 적용하는 데 아무 문제가 없을 것이다. 그러나 당신과 당신의 자녀가 '고정 마인드셋'을 가지고 있다면, 어떠한 노력도 이미 정해진 분량의 지능이나 능력에 영향을 미치지 못한다고 믿기 때문에 아무리 효과적인 학습 전략을 제시한다고 하더라도 그것으로부터 아무런 유익도 얻지 못할 것이다.

다음과 같은 '고정 마인드셋'의 목소리를 '성장 마인드셋'의 목소리로 바꿔 보자(Dembo & Seli, 2016, p. 94).

고정 마인드셋의 목소리	성장 마인드셋의 목소리
너 진짜 할 수 있어? 아마 그 일을 하기에는 능력/지능이 좀 부족할 것 같은데…….➡	
만약 실패하면? 실패한다면 너는 실패자/패배자가 되는 거야.➡	
이건 내 잘못이 아니야. 다른 사람 잘못이라구.➡	

출처: Dweck(2006).

성공하면 부모 덕, 실패하면 네 탓?
결과의 원인을 무엇으로 돌리고 계신가요?

🐤 중학교 2학년인 경인이와 은수는 같은 반 친구로 지능 수준이나 학습 능력이 비슷하고, 실제로 학교 성적도 비슷하다. 경인이와 은수는 둘 다 이번 중간고사 수학시험에서 40점을 받았다. 경인이는 "아, 진짜 수학 선생님 완전 이상하지 않냐? 문제를 왜 그렇게 낸 거야? A문제집 풀어 본 애들한테만 유리하고……. 아 말도 안 돼! 완전 열 받아. 너무 불공평한 거 아냐. 내가 아무리 해도 선생님이 문제를 이상하게 내면 내가 그걸 어떻게 맞추겠냐고! 아, 나는 운도 더럽게 없다, 정말." 이라며 자신이 받은 40점에 대해 몹시 화가 나 있다. 은수도 낮은 점수에 대해 불만족스럽기는 하지만, 40점에 대한 반응은 조금 달랐다. "으……. 40점이라니. 엄마한테 엄청 혼나고 잔소리 듣겠네. 그런데 내가 이번에는 야구 보러 다니고 게임하느라고 시험 공부를 좀 안 하기는 했지 뭐. 아, 왜 그랬을까? 기말고사 때는 시험 공부할 시간을 미리 빼두고 계획을 세워서 수학 공부 좀 해야겠네." 🐤

어떤 사건이 일어났을 때 사람마다 그 일에 대해 해석하는 방식이 다르다. 앞 사례에 나온 경인이와 은수는 둘 다 능력이 같음에도 '수학 점수 40점'이라는 사건에 대해 서로 다른 해석을 하고 있다. 왜 그럴까? 경인이와 은수가 가진 귀인양식Attribution에 차이가 있기 때문이다. 동기motivation에 관한 저명한 학자 와이너Weiner, 1986는 귀인이란 어떤 사람이 자신의 성공이나 실패의 원인에 대해 갖는 지각을 말하는 것으로, 동일한 결과에 대해서 사람들마다 반응이 왜 다른지를 설명해 준다고 보았다.

학교에서의 학업 수행과 관련해서 가장 일반적인 것은 '능력' 또는 '노력'에 귀인하는 것이다. 자신의 성공이나 실패를 능력에 귀인하는 아동은 '내가 똑똑하니까 잘했지.' '내가 능력이 없으니까 망친 거야.'라고 생각한다. 반면, 노력에 귀인하는 아동은 '내가 이번 중간고사 준비를 얼마나 열심히 했는데.' '내가 시험 공부를 많이 못 했구나.'라고 생각한다. 능력과 노력에 대한 귀인 이외에 또 많이 듣는 이야기는 "시험을 잘 보다니! 이번 시험에는 내가 운이 좋았네." "내가 운이 나빠서 시험을 망쳤어." "시험 문제가 너무 쉬웠어." "시험이 너무 어려웠어." "내가 너무 피곤해서 시험을 못 봤어." "몸이 안 좋아서 망쳤어." "선생님이 너무 불공평해." 등인데, 이러한 표현은 모두 자신의 귀인양식을 보여 준다. 앞 예에서 경인이는 자신의 낮은 수학 점수결과의 원인을 교사의 문제 출제 방식과 자신의 나쁜 운 탓으로 돌리고 있는 반면, 은수는 자신의 노력 부족으로 돌리고 있다. 그렇다면 개인이 성공이나 실패라는 결과의 원인을 어떻게 지각하는지는 왜 중요할까?

첫, 선생님이 문제를 이상하게 내셔서 시험을 망쳤잖아.

수학 시험 공부에 시간을 많이 못 썼어. 다음에는 미리 준비를 해야지.

[똑같은 40점의 원인에 대해 각각 다른 해석: 능력 vs. 노력]

앞서 일어난 실패나 성공의 원인을 어떻게 지각하느냐는 그 사람이 앞으로 주어질 학습 과제에 어떻게 접근할 것인지, 얼마나 오랫동안 그 과제에 매달리고 노력을 지속할 것인지를 결정하기 때문에 매우 중요하다. 예를 들어, 어떤 아동이 시험에서의 높고 낮은 점수, 즉 학습 상황에서의 성공이나 실패를 자신의 노력이나 노력 부족과 같이 자신이 조절할 수 있는controllable 원인 때문이라고 생각한다. 이러한 성향의 아동은 시험 공부를 하면서 이해가 되지 않을 때 부모나 선생님에게 더 자세히 설명해 달라고 요청하거나 문제 풀이 과정을 반복해 달라고 도움을 청할 수 있을 것이다. 또한 시험 공부를 위해 하루 이틀 전에 밤을 새우는 대신에 1~2주 전부터 미리 계획을 세워서 시험을 준비할 수도 있을 것이다. 반면에 운이나 시험/과제의 난이도와 같이 자신이 어쩌지 못할uncontrollable 요인이 성공이나 실패의 원인이라고 믿는 아동은 도움이 필요할 때에도 도움을 요청하지 않는다. 또한 타고난 능력이 실패나 성공의 원인이라고 믿는 아동의 경우, 자신이 특정 영역에서 성공하기 위한 능력이 부족하다고 생각하는 경우"나는 수학 머리가 없어요." "나는 몸치라서 운동은 하나도 못해요."에는 도움을 청하지 않을 뿐 아니라, 그 영역에서 무엇인가 시도하는 것 자체를 포기하기 쉽다.

귀인양식은 첫째, 실패나 성공의 원인에 대한 통제력이 '나'의 내부에 있는지 외부에 있는지통제 소재의 내외차원, locus of control, 둘째, 실패나 성공의 원인이 시간의 흐름이나 상황에 따라 변화가 있는지 없는지안정성 차원, stability, 셋째, 실패나 성공의 원인을 내가 통제할 수 있는지 없는지통제 가능성 차원, controllability에 따라 나뉜다. 개인이 어떤 귀인양식을 가졌는가에 따라서 지금 경험하는 성공 또는 실패에 대한 정서적 반응이 달라진다. 또한 미래의 성공과 실패에 대한 기대도 달라지며 이것이 그 사람의 학습에 영향을 미친다. 즉, 어떤 일의 성공이나 실패를 자신의 능력이나 노력 같은 내적 요인 때문이라고 생각하는 사람은 성공했을 때는 자부심과 더 높은 동기 수준을 경험한다. 반대로 실패했을 때는 좌절감과 수치심을 경험하게 된다. 반면 성공이나 실패가 운이나 과제의 난이도와 같은 외부 요인 때문이라고 생각하는 사람은 성공했을 때는 "운이 좋았다."며 안도한다. 반대로 실패했을 때는 "문제가 너무 어려웠다."며 남 탓이나 환경 탓을 하게 된다. 자신의 성공이나 실패의 원인을 자신의 능력이나 과제 난이도와 같은 안정적 요인에서 찾는 경우는 미래의 유사한 과제에서 자신이 지금과 같은 결과를 얻게 될 것이라고 기대한다. 반면 노력이나 운과 같은 불안정 요인에서 성공 또는 실패의 원인을 찾는 사람은 미래의 유사한 과제에서 현재와 같은 결과를 얻을 것이라는 기대를 가지기 어렵다.

예를 들어, 영어 시험에서 30점을 받은 학생이 자신의 낮은 점수가 자신의 능력 때문이라고 생각한다면 이 학생은 앞으로의 영어 시험에서도 자신이 낮은 점수를 받을 것이라고 기대하기 쉽다. 반면, 자신이 받은 점수 30점이 운이 나빠서라고 생각하는 학생은 다음번 시험에서 운이 좋으면 좋은 점수를 받을 수도 있을 것이라고 기대하게 될 것이다. 이것은 높은 성취의 경우에도 마찬가지로 적용된다. 한편 시험에서의 좋은 성적이 자신이 통제 가능한 요인, 즉 자신의 노력 때문이라고 생각한다면, 그는 자신이 받은 점수에 만족함과 자랑스러움을 느끼며 미래에도 좋은 점수를 받을 것이라고 기대하기 쉽다. 그러나 자신의 성공은 내가 어쩌지 못하는 통제 불가능한 요인 때문이라고 생각한다면, 그는 현재의 성공 경험을 미래의 성공에 대한 기대나 확신으로 연결시키지 못할 것이다.

학생들이 흔히 성공과 실패의 원인으로 생각하는 능력, 노력, 운, 타인, 과제 난이도라는 귀인 요소들을 통제 소재, 안정성, 그리고 통제 가능성의 차원에서 살펴본 결과를 제시하면 다음과 같다.

귀인 요소	차원	결과
능력	내적 안정 통제 불가능	유능감/무력감, 자부심/수치심 미래에도 동일한 결과 기대, 성공의 경우 자부심 증대 실패의 경우 수치심, 체념, 무관심 증대
노력	내적 불안정 통제 가능	자부심/수치심 결과 변화 기대/ 성공의 경우 기대 지속 자부심/죄의식 증대
운	외적 불안정 통제 불가능	자기상이 변하지 않음 결과 변화 기대/성공에 대한 기대 감소 없음 성공 혹은 실패 시 놀라움
타인	외적 불안정 통제 불가능	자기상이 변하지 않음 결과 변화 기대/성공에 대한 기대의 감소가 없음 도움에 대한 감사/ 방해에 대한 분노
과제의 난이도	외적 안정 통제 불가능	성공에 대한 자기존중감이 증대되지 않음 미래에도 동일한 결과 기대, 성공의 경우 자부심 증대 놀라움, 안도/의기소침, 좌절

무엇에 귀인하는가에 따라 달라지는 결과 (김동일 외, 2013, p. 59)

앞의 표에서 볼 수 있듯이, 예를 들어 중간고사에서 낮은 성적을 받은 학생이 시험을 못 본 것은 '다 내 능력이 부족해서'라고 생각한다면, 실패의 원인은 자신의 내부에 있는, 잘 변하지 않는, 그리고 내가 의지로 조절할 수 없는 '능력' 때문이라고 귀인하게 된다. 이것은 학습에 대해 아예 포기하거나 무관심해질 수 있다. 반면 똑같이 낮은 기말고사 성적을 받은 다른 학생이 자신의 실패를 '노력이 부족해서'라고 생각하고 있다면, 이 경우에는 자신의 내부에 있는, 변할 수 있는, 그리고 내 의지로 조절이 가능한

'노력'이라는 요소에 귀인할 것이다. 따라서 현재의 실패로 인한 수치심과 더 노력하지 못한 것에 대한 죄책감을 느끼기는 하겠지만 앞으로 자신의 노력 여하에 따라 시험 성적이 달라질 수 있다고 믿어서 보다 더 노력할 수 있게 된다.

그러나 우리가 성공이나 실패라는 결과의 원인으로 귀인하는 것이 진짜 실재reality 또는 진실이 아니라는 사실을 기억해야 한다. 시험 준비를 안 해서 나쁜 성적을 받은 것이 분명함에도 '선생님이 시험 문제를 너무 꼬아서 냈다.'거나 '옆자리 친구가 시험 시간 내내 바스락거려서 집중을 못했다.'는 등의 이유에 자신의 낮은 점수를 귀인하는 아동을 생각해 보자. 먼저, 부모들의 실패나 성공의 원인을 어디에 귀인하고 있는지 점검해 볼 필요가 있다. 승진이나 어려운 계약을 체결한 일, 문제가 계속 발생하는 프로그램을 수정한 일, 효율적인 자료정리 방법을 고안한 일과 같은 성공이나 또는 그 반대의 실패 상황에 대해 부모가 어떤 귀인양식을 사용하고 있는가는 자녀의 학업성취 결과에 대한 귀인에도 영향을 줄 수 있기 때문이다. "네가 머리가 좋아서……." "좋은 학원을 다녀서……." "시험 문제를 잘 찍어서……." "선생님이 잘 봐줘서……." 진실이 무엇이든 간에 성공과 실패에 대해 부모가 원인을 지각하는 방식, 즉 부모의 생각이 부모 자신뿐 아니라 자녀가 현재 일어난 일을 해석하고 앞으로의 행동을 취하는 데에도 영향을 미친다.

* 부모는 자녀가 낮은 성적을 받았을 때, 학습에서 저조한 수
  행을 보일 때 이것을 어디에 귀인하는가?
* 자녀는 자신이 낮은 성적을 받았을 때, 학습에서 저조한 수
  행을 보일 때 스스로 이것을 어디에 귀인하는가?

학습에 높은 동기를 가진 자기조절 학습자들self-regulated learners은 성
공에 대해서는 자신의 능력에 귀인하고 실패에 대해서는 교정할
수 있는 요인들corrective factors에 귀인하는 경향이 있다. 학습 상황에
서 어려움을 겪는 것은 누구나 경험하는 일이다. 그런데 어떤 학

생이 '내가 지금 어려운 것은 이 영역에 대해 사전 지식이 부족해서', 적합한 공부 방법을 사용하지 않아서'라고 생각한다면, 이러한 요인들은 모두 학생 자신이 통제, 조절하고 수정할 수 있는 것이기 때문에 보다 더 동기화될 수 있고 실제로 더 높은 성취를 경험할 수 있다. 바람직한 귀인과 바람직하지 않은 귀인을 그림으로 나타내면 다음과 같다.

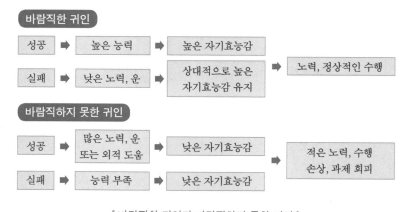

[바람직한 귀인과 바람직하지 못한 귀인]

출처: 김동일 외(2013), p. 60.

일반적으로 내적으로 통제 가능하면서도 변화할 수 있는 특성을 갖는 '노력'에 귀인하는 것이 학습동기 향상에 가장 효과가 크다는 보고가 있다. 그러나 앞 그림에서 볼 수 있듯이, 성공한 경험에 대해서는 자신의 능력에, 실패한 결과에 대해서는 자신의 노력에 귀인하는 것이 미래의 학습 활동에 대해서도 성공에 대한 기대를 가지고 지속적으로 노력하는 것을 가능하게 한다. 그러나 만일 어떤 아동이 자신의 실패에 대해서는 자신이 능력이 부족해서 못했다고 귀인을 하고, 성공에 대해서는 운이 좋았다고 귀인을 하는 특성이 있다면, 성공할 때나 실패할 때 모두 낮은 자기효능감을 경험한다. 결국 이 아동은 학습 활동에 대해 참여가 저조하고, 꾸준히 노력하려 하지 않으며, 낮은 학업성취를 보이게 될 것이다.

그렇다면 부모로서 자녀가 자신의 성공이나 실패의 원인을 지각하는 방식에 어떻게 도움을 줄 수 있을까? 귀인양식을 통해 아동의 학습부진 문제를 도울 수 있는 방법은 없을까? 어떻게 바람직하지 않은 귀인양식을 보다 성취에 도움이 되고 자기효능감을 증진시키는 귀인양식으로 바꿀 수 있을까? 부모는 피드백을 통해 자녀로 하여금 '끊임없는 노력과 성공과의 관계'를 인식할 수 있도록 도울 수 있다. 자녀가 무언가를 잘 해냈다면, "그것은 네가 포기하지 않고 계속 노력했기 때문이야."라고 말해 줌으로써 능력이나 운이 아닌 노력을 강조하는 것이 중요하다. 자녀가 받아쓰기를 실수 없이 해내거나 영어 단어 스펠링을 제대로 말했을 때, 수학 문제를 잘 풀었을 때마다 그저 "잘했다, 훌륭하다."라는 피상적인 피드백에서 그치지 않고, "네가 이 문제에 집중해서 잘 듣고/읽고 이해해서 마칠 수 있었구나." 또는 "네가 이 문제들을 푸는 데 20분이나 걸렸는데 포기하지 않았구나."라고 하여 아동이 보인 실제 성과를 강조하고 아동의 행동과 결과를 연결시키는 메시지를 전달한다. 만약 아동이 정답을 맞추지 못했다면, 열심히 노력하고 효과적인 학습 전략을 사용하도록 격려해 자녀의 귀인양식을 수정하고 자기효능감을 갖도록 할 수 있다.

또 자녀가 자신의 성공이나 실패에 대해 스스로에게 책임이 있음을 깨닫도록 하는 것도 중요하다. "사회 과목에서 90점을 받았구나. 너는 네가 어떻게 해서 이렇게 좋은 점수를 받았다고 생각하니?"라고 성공에 대한 구체적인 피드백을 한다. 또한 실패에 대해서도 "친구가 너를 놀리는 행동을 참기 어려웠다는 것은 알겠어. 하지만 너의 어떤 행동이 지금 놀이 시간에 나가지 못하고 반성문을 쓰도록 한 것 같니?"라는 질문을 한다. 이런 질문을 통해 자녀가 자신의 성취 또는 실패라는 결과를 위해 자신이 무엇을 어떻게 하였는지를 점검하고 스스로 인정할 수 있도록 한다. 학습부진 아동은 학습 장면에서 반복적으로 실패를 경험해 왔기 때문에 자신이 할 수 있는 일조차도 시도하려는 의욕이 매우 저하된 상태다. 그러므로 이러한 아동을 지속적으로 격려하는 것이 중요하다. 또한 학습 상황이나 사회적인 활동 상황에서 실패 경험보다는 성공 경험이 많아지도록 의도적으로 구조화하는 것이 필요하다. 지나치게 경쟁적인 상황을 만든다거나 실패한 것에 초점을 두지 않도록 한다. "받아쓰기 몇 개 틀렸어?" "이 문제는 왜 틀린 거야?" "애들이랑 왜 못 어울리니?"가 아니라 아동이 성공하고 성취했던 일에 초점을 두어야 한다. 성공을 자주 경험하기 위해서는 무엇이 필요할까? 달성하고자 하는 궁극적이고 최종적인 목표를 작은 수준으로 쪼개고 나누는 것이 성공 경험을 위해 매우 중요하다.

결심: 물을 많이 마시는 게 몸에 좋다니 물을 많이 마셔야겠다.

목표: 하루에 물 2L 마시기

[잠들기 전]	1. 기상 직후 200ml
오늘 물 2L를 마시는 데 성공	2. 출근 전까지 300ml
오늘 물 2L를 마시는 데 실패	3. 출근 후~12:00까지 500ml
	4. 14:00~퇴근 전까지 500ml
	5. 귀가 직후 300ml
	6. 취침 전 200ml
▶ 하루 종일 단 한 번의 성공 기회가 있음	▶ 하루 종일 총 6번의 성공 기회가 있음. 중간에 실패를 만회할 기회가 5회 있음. 결국 큰 목표를 작은 수준으로 나누어 성공 경험을 할 기회를 많이 제공하는 것이 성공을 촉진하며 유능감을 증진시킴

나를 움직이는 힘은? 학습동기와 학습무동기

"저는요, 공부할 마음이 안 들어요."

"공부는 왜 해야 해요? 저는 동기가 안 생겨요."

"우리 아이는 동기부여가 안 되어 있다는 게 문제예요."

"애가 공부에 대한 동기가 전혀 없어요."

상담 장면에서 공부 또는 학습 문제를 호소하는 아동·청소년 및 부모에게 많이 듣게 되는 표현 중 하나는 바로 '동기'에 대한 것이다. 일반적으로 학습동기와 관련된 문제를 생각할 때 '동기가 없다'거나 '동기가 낮다'고 하는데, 실제로는 모든 사람은 동기화되어 있다. 코빙턴과 로버츠Covington & Roberts, 1994는 사람들이 가진 다양한 동기화 유형을 크게 두 가지로 나누어 설명하였다. 그것은 바로 성공을 추구하는 동기와 실패를 회피하고자 하는 동기다. 어떤 사람들은 성공을 하고자 하는 동기를 가지고 있으며 성공을 했을 때 자부심을 느끼게 될 것을 기대하는 반면, 다른 유형의 사람들은 실패하지 않기 위해, 실패와 관련된 수치심이나 죄책감을 경험하지 않으려는 동기를 가지고 있다. 성공추구 동기가 높은 학생은 자신의 능력 수준을 고려하여 적정한 수준의 난이도를 가진 과제를 선택하여 그것을 해결하기 위해 도전한다. 그리고 그 과정 중에 어려움을 겪게 되더라도 문제해결을 위한 노력을 지속하는 경향이 있다. 반면, 실패회피 동기가 높은 학생은 도전적이고 새로운 과제는 회피한다. 실패 가능성이 있는 과제는 아예 시도조차 하지 않거나 아니면 아예 아무도 성공할 수 없을 만한 비현실적인 과제를 선택하는 무모한 시도를 하는 경향이 있다. 성공추구 동기를 가진 사람은 성취를 위한 행동을 선택하여 그 행동을 유지한다. 그러나 실패회피 동기를 가진 사람은 성취보다는 실패 상황과 그 결과에 더 큰 의미를 두기 때문에 실패를 피하는 행동을 선택하고 유지하는 것에 에너지를 쏟게 된다.

그런데 사람들은 성공추구 또는 실패회피라는 두 가지 뚜렷하게 구분된 동기를 가지는 것이 아니라 대부분의 경우에는 조합된

동기 유형을 가진다. 성공추구과 실패회피 동기 수준의 높고 낮음에 따라 그 조합을 표로 나타내 보면 다음과 같다.

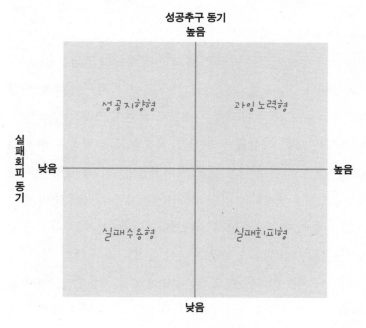

[성취욕구의 4축 모형]

출처: Covington & Roberts(1994).

학습과 관련하여 성공추구와 실패회피 동기의 조합에 따른 네 가지 동기 유형의 학생들이 가지는 특징들을 살펴보자.

먼저 높은 성공추구 동기와 낮은 실패회피 동기를 가진 학생은 '성공지향형'이라고 부른다. 이 유형의 학생들은 실패에 대한 두려움이 낮기 때문에 자신의 수행이 다른 사람들에게 어떻게 보일지에 신경을 쓰지 않으며 학습 활동 자체에 적극적으로 참여한다. 성공지향형 학생들은 효과적인 학습 방법을 사용하고, 목표를 세우고 자기조절학습이 가능하다.

두 번째 유형은 성공추구 동기는 낮고 실패회피 동기는 높은 '실패회피형'이다. 이 유형의 학생들의 가장 큰 특징은 실패를 피하고자 하는 욕구가 성공에 대한 기대보다 확연히 크다는 사실이다. 이들 유형은 다른 사람들이 자신의 실패를 '무능력함의 증거'로 해석하는 것을 막기 위해서 많은 에너지를 쓴다. 이 유형의 학생들이 흔히 쓰는 실패회피 전략 중 하나는 시험 기간에 미리 준비하는 대신에 마지막 순간까지 기다렸다가 '벼락치기' 식의 공부를 하는 것인데, 이렇게 함으로써 자신이 실패할 것에 대해 미리 "공부할 시간이 충분히 없었어요."라고 변명을 준비해 두는 것이다. 시험 공부를 하면서도 단순 암기만 하면서 더 이상의 노력을 기울이지 않는다거나, 한 학기의 평가 계획이 미리 주어졌음에도 다 무시하고 있다가 마지막 순간에 급하게 뭔가 하려는 시도를 하는 등 표면적으로는 '무관심'해 보인다. 그러나 이 같은 행동은 실제로는 무능력해 보이는 것을 피하기 위해서 매우 방어적으로 행동하는 것이다. 실패회피형 학생들에게는 시험에서 좋은 성적을 받거나 높은 학업성취를 보이는 것보다 자신이 실패했을 때 사람들

성공지향형   실패회피형   과잉노력형   실패수용형
(학습무동기)

이 '너는 능력이 없다.'고 판단하는 것을 피하고 싶은 욕구가 더 중요하다. 따라서 이들은 자신의 능력이 부족한 것을 드러내기보다 성취와 관련된 행동을 하지 않는 쪽을 선택하는 것이다.

세 번째 유형은 '과잉노력형'으로, 성공추구 동기와 실패회피 동기가 모두 높은 경우다. 이 유형의 학생들은 성공을 원하는 욕구도 크고 실패를 두려워하는 마음도 크기 때문에 자신의 수행에 대해 과도하게 걱정하며 시험이나 과제에 지나칠 정도로 준비를 한다. 단기적으로 보았을 때 이러한 유형의 학생들은 높은 성취 수준을 보일 수 있지만, 장기적으로 보면 자신의 능력에 대한 지나친 염려와 불신으로 인해 지치기 쉽다.

마지막 유형은 '실패수용형'으로, 아무런 희망도 없고 두려움도 없는, 성공추구 동기도 낮고 실패회피 동기도 낮은 유형으로 성취에 대한 관심이 없다. 이들은 노력을 하거나 적절한 학습 방법을 통해서 자신의 학업성취가 나아질 것이라고 생각하지 않는다. 학교 학습에 아무런 가치를 두고 있지 않으므로 공부하는 것이 자신의 인생에 아무런 영향을 미치지 못한다고 생각하기 때문에 학습 상황과는 거리를 둔다. 이 유형은 일반적으로 실패에 대한 원인을 자신이 통제할 수 있는 내부 요인보다 외부의 안정적인 요인들에 돌리는 귀인양식을 가지고 있으므로 성공이나 실패라는 결과는 자신이 변화시킬 수 없는 것이라고 본다. 이들은 학습 상황에서 반복되는 실패를 경험하면서 자신의 반응이 '실패'라는 결과에 어떤 영향도 미칠 수 없다는 것을 학습한다. 그리고 성공을 위한 아무런 노력도 하지 않는 학습무동기amotivation 상태에 빠지게 된다.

🐤 교육열이 높은 태욱이 부모님은 태욱이가 초등학교 4학년 때 학습 환경이 좋기로 유명한 동네로 이사를 왔다. 태욱이 엄마는 같은 아파트에 사는 다른 엄마들과 어울리면서 열심히 교육 정보를 수집해서 좋다는 학원과 효과적이라는 학습지는 다 시켜 볼 정도로 태욱이 교육에 열심이었다. 그런데 태욱이는 무엇에 대해서도 흥미가 없어 보였다. 엄

마는 태욱이를 달래 보기도 하고 혼을 내보기도 했지만 반짝 그때뿐이지 태욱이는 공부 자체에 대한 관심이 없는 것 같다. 초등학교 고학년 때까지는 아이 교육 때문에 무리해서 이사를 온 것이니 어떻게 해서든지 학교 성적을 올리려는 부모님과 태욱이 간의 갈등이 심했다. 그런데 학교 선생님이나 학원 선생님들마저 태욱이가 공부하는 것에 대해 아무런 의욕도 없고 관심도 없어 보인다면서 다른 적성을 찾아볼 것을 권유하였다. 태욱이 부모님은 중학교 1학년이 된 태욱이에게 학교 공부에 관심이 없으면 다른 것이라도 해 보라며 이것저것 시켜보기도 하였다. 그런데 태욱이는 음악이나 미술, 체육 등의 활동에도 관심이 없고 심지어는 또래 친구들이 열을 올리는 인터넷 게임이나 SNS에도 흥미를 보이지 않는다. 부모님은 아무런 흥미나 관심, 의욕이 없어 보이는 태욱이 걱정이 이만저만이 아니다. 🐦

태욱이의 경우 학업 경쟁이 치열한 새로운 학교로 전학을 온 이후부터 학교 장면에서 실수와 실패가 반복되고, 자신이 기대한 만큼의 성적을 얻지 못하는 경험이 계속되면서 '내가 아무리 노력해도 성적이 좋아질 수는 없겠구나.'라는 믿음을 갖게 된 상태로 보인다. 태욱이는 내 힘과 노력으로 어떻게 할 수 없는 부정적인 결과를 반복적으로 경험하였고, 앞으로 닥칠 비슷한 상황에서도 자신이 무엇을 어떻게 해 보더라도 결과에 영향을 미치지 못할 것이라는 생각은 태욱이로 하여금 무기력감과 우울을 느끼게 하였다. 심리학에서는 이것을 '학습된 무기력Learned Helplessness'이라고 한다. 학습된 무기력은 개인이 미래의 사건에 대해서 자신이 통제할 수 있을 것이라는 기대를 하지 못하게 만든다. 이것은 현재 노력을 통해서 좋은 성적을 받을 수 있다는 가능성 자체를 고려하지 못하게 하여 학습이 일어날 수 있는 모든 기회를 박탈하기 때문에 학업성취를 방해하는 매우 심각한 요인이 된다.

동기의 영어 단어인 'motivation'은 '움직이다'라는 뜻의 move 라는 개념을 포함하고 있다. 이것은 개인을 움직이게 하고 그 움직임을 유지시키는 것이 바로 동기라는 의미다. 동기에는 개인이 선택하는 행동의 방향과 강도를 결정짓는 목표와 이러한 목표를 달성하기 위한 구체적이고 실제적인 신체적 · 정신적 활동이 포함된다_{Schunk et al., 2013}. 인간의 행동 방향을 선택하고 그 움직임을 유지시키는 동기는 크게 외재적 동기와 내재적 동기로 구분할 수 있다. 외재적 동기_{Extrinsic Motivation}는 과제 수행 자체에 대한 관심보다는 과제를 통해 얻게 되는 이익에 의해 동기화가 되는 것을 말한다. 예로, 공부를 마치고 나서 자신이 가지고 싶어 하던 물건이나 칭찬을 받으면 공부하는 행동이 더욱 증가되는 경우를 생각해 볼 수 있다. 학습 자체가 좋아서 일어난다기보다는 '다른 무엇인가를 위해서', 즉 보상으로 주어지는 강화물을 위해서 학습이 일어나는 것으로 보기 때문에 학습에 대한 동기를 환경적 자극이나 보상 등과 같은 외재적 동기로 설명한다. 반면 내재적 동기_{Intrinsic Motivation}는 자신이 가진 흥미에 따라 선택한 도전적인 과제를 성취하는 과정에서 과제 그 자체에 대한 관심과 성취감으로 인해 동기화되는 것을 말한다. 예를 들어, 누가 시키지 않아도 자신의 학습 계획을 세우고 실천하는 학생의 경우 성적이 1, 2점 오르고 내리는 것보다는 무엇을 이해했는가, 새롭게 배운 것은 무엇인가에 관심을 갖는다. 그러나 한 개인의 동기가 외재적 또는 내재적 유형으로 양분되는 것은 아니다. 외재적 동기와 내재적 동기는 연속선상에 위치하고 있고 한 개인은 필요에 따라 외재적 동기 또는 내재적 동기를 가질 수 있다.

동일한 지능을 가졌지만 상이한 학업성취를 보이는 두 집단에 대한 비교 연구들은 학습부진을 보이는 집단이 학습동기가 낮다는 것을 보여 준다. 낮은 학업성취를 보이는 학생들은 수업이나 교과 공부에 성실하게 참여하지 않으며, 학습 목표를 낮게 설정하고, 학습 습관도 좋지 않은 특징이 있었다. 이에 반해 동일한 지능의 높은 학업성취를 보이는 학생들은 과제지속력, 성취도의 질, 새로운 것에 대한 도전, 과제를 완성하려는 욕구, 장기목표에 접근하는 능력 등이 높은 수준으로 나타났다. 다시 말해, 학습부진은 낮은 학습동기 또는 학습무동기와 관련이 있다고 할 수 있다. 앞서 살펴본 바와 같이 어떤 행동을 선택, 시작하도록 하고 그 행동이 방향성을 가지고 계속 유지되도록 하는 데 작동하는 내적 기제가 바로 동기이기 때문에, 학습에 있어서 목표를 설정하고 그 목표 달성을 향한 행동을 시작하고 유지하려는 내적인 힘, 즉 동기가 없는 상태에서는 학습행동이 일어나거나 유지되기가 어렵다.

　　그렇다면 학습부진 아동의 학습동기를 증진시키기 위해서는 어떤 도움이 필요할까? 우선 현재 아동이 학습과 관련하여 어떤 동기 상태를 가지고 있는지를 파악하는 것이 중요하다. 연령이 어리거나 공부하는 것 자체에 아무런 흥미가 없는 아동이라면 보상이나 칭찬 등의 외재적 동기 요인을 활용하여 학습 자체에 대

한 흥미를 높이는 것이 선행되어야 한다. 학습에 대한 흥미를 가지고 학습 자체에 대해 가치를 발견한 아동이라면 점차 내재적인 동기화가 이루어질 수 있도록 해야 한다.

[학습무동기 원인에 대한 인본주의적 설명]

또 다른 관점에서 학습 무동기에 이르는 원인을 살펴보기 위해서 매슬로(Maslow, 1970)
의 욕구 위계 모형을 생각해 보도록 하자.

〈 매슬로의 욕구 위계 모형 〉

매슬로의 욕구 위계 중 하위의 4개 욕구를 결핍 욕구, 상위 3개의 욕구를 성장 욕구로
구분할 수 있다. 하위 욕구가 충족되어 지적 욕구에 이른 개인은 높은 학습동기를 갖게
되지만, 하위 욕구가 충족되지 않은 개인은 하위 욕구를 먼저 충족시키고자 하는 경향
때문에 학습에 대해 상대적으로 관심이 덜할 수밖에 없다. 또한 실제로 많은 학습자들
은 지적 욕구에 의해 동기화되기보다는 다른 사람에게 무시당하지 않으려는 '자존의 욕
구'나 부모나 교사, 친구들에게 인정받고자 하는 '소속과 애정의 욕구'를 충족하기 위해
동기화되는 경우가 있다. 그러므로 학업을 통해 이러한 욕구가 충족될 수 없다는 것을

경험하거나(높은 성적을 받아도 부모의 인정을 받을 수 없을 때), 학업 이외의 것으로 그 욕구를 충족시킬 수 있게 되었을 때(비행청소년 집단에서 소속과 애정의 욕구를 채우게 되는 경우) 학습에 대해서는 쉽게 무동기화될 수 있다(김동일 외, 2011, pp. 266-267).

학습 상황에서는 누구나 성공과 실패를 경험하게 된다. 그러나 성공과 실패의 경험이 학습에서의 높은 성취와 연결되기 위해서는 개인이 가진 실패에 대한 태도가 중요하다. '실패'에 대한 우리의 반응은 실패불안fear of failure과 실패내성failure-tolerance을 양 끝단으로 하는 스펙트럼선상에서 찾아볼 수 있다. 실패불안이 높아지면 실패내성은 낮아지고, 실패내성이 높아지면 실패불안이 낮아진다. 실패불안이란 일어날 수 있는 실패를 회피하기 위하여 아예 성취하려는 동기를 억누르는 경향성이다Atkinson, 1980. 자신이 실패했다는 사실이 매우 고통스럽기 때문에 차라리 아무것도 하지 않거나 확실히 성취가 보장된 난이도가 매우 낮은 과제들만 선택하는 아동의 경우가 그러하다. 이에 반하여 실패내성이란 아동이 학습 상황에서 실패를 경험하게 될 때, 보다 건설적인 태도로 반응하는 경향성을 말한다. 실패에 대한 내성이 높은 아동은 실패를 경험한 후 부정적인 감정을 적게 느끼며, 적극적ㆍ구체적ㆍ현실적인 방법으로 실패를 극복하고자 행동하고, 일반적으로 보다 높은 난이도의 과제를 선호한다. 그렇다면 실패내성은 어떻게 길러질까?

새로운 것을 습득하는 학습의 과정에서 '실패'는 당연히 경험하는 것으로 여기고, 실패를 새로운 도전으로 이해하며, 실패하더라도 아무런 일이 일어나지 않음을 인식함으로써 두려움을 감소시키면 된다.

가족 내에서 엄마와의 갈등이 심하고 학교에서 또래 간의 사회성 문제로 인해 놀이치료에 의뢰되었던 초등학교 5학년 경환이는 치료실 안에서도 매우 예의 바르게 말하고 행동한다. 엄마와 학교 선생님은 아이가 가끔 자기 감정에 못 이겨서 울컥하기도 하고, 끊임없이 말대답을 하면서 어른들을 힘들게 하며, 친구와 잘 사귀지 못해서 따돌림을 받는다고 보고하였다. 경환이의 놀이에서 주목할 만한 점은 한 가지 놀이를 진득하게 하지 못하고 이것저것 호기심을 가지고 손을 대지만 금세 다른 놀이로 관심을 돌린다는 것이다. 여러 종류의 게임 중 아이들에게 인기가 좋은 '할리갈리'를 고른 경환이는 자신이 이길 때는 매우 즐거워하며 게임을 여러 번 반복해서 계속 하자고 하지만, 상담사가 조금이라도 빨리 종을 치거나 카드를 많이 가져가거나 하면 대번에 표정이 달라져서 카드를 휙 던지듯이 놓는다거나 상담사가 자신을 속이는 것 아니냐고 따지거나 재미가 없다면서 도중에 중단하기도 한다. 게임의 규칙이 조금 복잡한 '인생게임'이나 추리게임을 할 때는 자신의 말이 상담사보다 뒤처지거나, 게임 규칙에 따라 벌칙을 받게 되거나, 자신이 추리한 범인이 맞지 않거나 하면 게임판을 흔들거나 상담사 차례에 방해를 하면서 재미가 없다며 다른 게임을 하자고 한다. 그러니 상담 시간에 경환이가 고를 수 있는 놀잇감은 자신이 익숙한 것, 잘하는 것, 이길 것이 확실한 것으로 한정되어 있다. 경환이는 상담사의 제안에 따라 자신의 연령 수준에 맞는 다른 보드게임이나 놀잇감을 소개받을 때 잠시 흥미를 보이기도 하지만 여전히 자신이 가장 잘할 수 있는 '할리갈리'만 선택할 뿐이다. 🐦

경환이를 어떻게 도울 수 있을까? 경환이 엄마와의 대화를 통해서, 엄마가 경환이의 실패, 실수에 보다 더 집중한다는 것을 발견할 수 있었다. 엄마는 경환이가 시험을 보거나 문제를 풀 때 틀린 것에만 초점을 둔다. "왜 틀린 것 같아?" "실수한 이유가 무엇 때문인 것 같아?" 물론 실패의 이유를 점검하고 다음번에 같은 실수를 반복하지 않게 하려는 의도에서 나온 행동이다. 그런데 엄마의 태도를 통해서 경환이가 듣는 메시지는 "너는 또 틀렸구나. 어째 매번 실패하기만 하니? 도대체 왜 그러는 거야? 너는 잘하는 것이 하나도 없구나."다. 이런 메시지를 들으면서 경환이는 '실패는 나쁜 일이다, 실패를 하느니 아예 안하는 게 낫다, 실패할 것 같은 것은 포기해야 한다.'는 것을 배워 왔다.

이렇듯 실패를 피하기 위해 아무것도 시도하지 않으려는 경환이에게 상담 장면에서 했던 접근은 우선 경환이의 수행 중 성공한 것과 성공할 수 있었던 능력과 기술에 초점을 두는 것이었다. 할리갈리 게임에서는, 아슬아슬하기는 했지만 경환이가 얼마나 민첩하게 종을 쳐서 카드들을 가져갈 수 있었는지, 자기 카드를 보면서도 바닥에 놓인 카드들의 그림을 함께 파악하는 속도가 얼마나 빨랐는지 등에 대해 반응을 보였다. 누가 지고 이겼는지가 아니라, 게임의 과정 중에 경환이가 사용한 성공을 위한 게임 전략들을 관찰하고 이것에 대해 피드백을 하는 것이다. 우리나라의 오목게임과 유사한 '사목게임connect four'에서도 경환이가 왜 거기에 빨간색 칩을 넣을 생각을 했는지, 무엇을 단서로 그곳을 막을 생각을 했는지를 질문하는 등 아동이 사용한 전략에 초점을 둔 대화를 하였다.

다음으로 상담사가 실패 상황에서 어떻게 대처하고 반응하는지를 보여 주었다. 상담사는 자신이 질 것 같은 상황에서도 끊임없이 게임에 열심히 참여하는 모습을 보여 주면서 '지난번에는 내가 이것을 잘 못했는데 오늘은 이걸 배운 것 같다.'거나 게임을 하면서 카드를 많이 가져올 때는 기분이 좋지만 상대방이 가져갔을 때는 당황스럽고 질까 봐 불안한 기분이 느껴진다고 표현하기도 하였다. 실패 상황은 당연한 것이고 실패는 기분이 좋은 경험은 아니지만, 실패를 통해 무언가 배울 수 있고, 무엇보다 다시할 수 있는 기회가 있다는 것과 이기든 지든 함께 놀 수 있어서 재미있었다는 메시지를 전달하였다. 여러 번의 놀이치료 회기를 가진 후 경환이는 어떻게 되었을까? 할리갈리에서 이긴 상담사에게 이렇게 말하는 것이었다. "와, 선생님 이제 진짜 잘하게 되었네요! 다 나랑 놀아서 그렇게 실력이 늘어난 거라고요. 그래도 방심하면 안 돼요. 내가 이번에는 이길 수도 있거든요. 한 판 더해요, 우리."

"너는 할 수 있어!"라고 말해 주세요: 자기효능감의 증진

일반적으로 아동이 자신에 대해 인식할 수 있는 능력은 6, 7세

경에 생긴다고 본다. 그러나 아동은 그 이전에도 자아에 대한 개념을 가지고 있는데, 이것은 주변 사람들이 자신에 대해 평가하는 표현들을 들으면서 형성되기 시작한다. 예를 들어, 아동의 행동이나 태도를 보고 주변의 어른들이 쉽게 하는 말들, "소은이는 천재 같아." "유진이는 좀 느려." 등과 같은 표현을 들으면서 아동은 자기 자신에 대한 상을 형성하게 되는 것이다. 자아개념self-concept이란 '나는 ……하다.'라는, 개인이 자기 자신의 행동 및 능력 등에 대해 가지는 견해를 말하는데, 이것은 환경과의 상호작용, 즉 개인의 행동이나 능력에 대한 주변의 피드백을 통해 형성된다.

"나는 _____ 하다."

"나는 _____ 이다."

'나는 _____ 하다/이다.'라는 문장의 빈칸을 채워서 자신에 관한 열 개의 문장을 만들어 본다. 자녀에게도 자기에 대해 스스로 어떻게 생각하는지 열 개씩 문장을 써 보도록 한다.

개인이 어떤 자아개념을 가지고 있는가는 그 사람의 행동에 영향을 준다. 긍정적인 자아개념을 가진 사람은 자기 자신을 긍정적으로 보기 때문에 어떤 상황에 처하거나 어떤 일을 하더라도 자신이 성공할 것이라는 기대를 가지기 쉽고 실제로 성공할 가능성도 높다. 반면에 부정적인 자아개념을 가진 사람은 자신의 능력이나 행동에 대해 자신감이 없고 스스로 믿지 못하기 때문에 어떤 일을 시작할 때 잘못될까 봐 쉽게 불안함을 느끼거나 좌절하고 자책하는 경우가 많다.

학습과 관련된 자아개념을 학업 자아개념이라고 하는데, 특정 교과목이나 학업 전체에 대해서 내가 잘하는 사람인지 못하는 사람인지에 대한 자아상을 뜻한다. 학업 자아개념은 학습과 관련된 다양한 성공이나 실패의 경험, 자신과 타인의 판단 등에 의해 형성되며, 일단 형성된 후에는 개인이 학습 상황에서 경험하는 실패나 스트레스를 어떻게 인식하고 대처하는지에 영향을 준다. 학업과 관련된 전반적인 자기상인 학업 자기개념과는 달리, 특정 과업을 성공적으로 끝마칠 수 있는 자신의 능력이나 기술에 대한 평가를 자기효능감self-efficacy이라고 한다.

사회학습이론가인 반두라Bandura에 의해 소개된 자기효능감이란 여러 가지 활동에서의 성취 경험을 통해 형성되는 특별한 자기개념이라고 할 수 있다. 여기에는 어떤 특정한 과제를 성공적으로 수행하기 위해 필요한 일련의 행동들을 스스로 조직하고 수행할 수 있는 능력이 있다고 보는 자신에 대한 판단이 포함된다. 이

러한 자기효능감은 개인이 어떤 행동을 선택하고 그 행동을 지속하기 위하여 노력하는 데 영향을 미친다. 예를 들어, 어떤 과제가 주어진 상황에서 낮은 자기효능감을 가진 아동은 그 과제를 회피하지만, 높은 자기효능감을 가진 아동은 자신이 그 과제를 해결할 수 있다고 믿기 때문에 보다 적극적으로 그 과제 해결에 참여한다. 그러나 자기효능감이 단순히 '나는 능력이 있다.'고 보는 스스로에 대한 판단만은 아니다. 여기에는 실제로 주어진 과제를 성공적으로 수행하기 위한 '일련의 행위 과정을 조직하고 실행하는 능력'이 포함되는데, 예를 들어 '나는 공부를 잘한다.'와 같이 막연한 믿음이 아니라 '나는 분수의 곱셈, 나눗셈 문제를 정확하게 풀 수 있다.' '나는 다양한 글을 읽고 요점을 찾아낼 수 있다.' '나는 영어 단어 스펠링을 정확히 쓸 수 있다.' 등과 같이 자신이 실제로 특정 학습 과제를 수행하는 데 필요한 인지 기술을 가지고 있는지에 대한 구체적이고 명확한 판단을 의미한다Schunk et al., 2013. 그러므로 일반적인 자기개념보다는 상황적, 행동적으로 설명된 자기효능감이 어떤 구체적인 상황에서 개인의 행동과 동기를 더 잘 예측할 수 있게 한다. 자기효능감이 높은 학생은 어려운 과제를 선택하고, 더 많은 노력을 기울이며, 어려움이 있더라도 더 오랫동안 과제를 붙들고 문제해결을 위해 씨름할 수 있으며, 보다 복잡한 학습 전략을 사용하는 반면 학습 과제에 대해서 불안이나 두려움을 덜 경험한다. 이러한 자신의 효능감에 대한 믿음은 학생의 동기와 자기조절 행동을 예측하는 데 중요한 요인이다Schunk, 1991.

[함께하기]

특정 과목에서 자녀가 잘하는 것을 구체적으로 적어 보세요. "우리 OO이는 수학을 잘한다."가 아니라 "두 자릿수의 덧셈 뺄셈을 잘한다." "서술형 질문을 수식으로 정확히 만들 수 있다." "도형을 정확하게 구분할 수 있다." 등으로 구체적으로 명확하게 적을 수 있다면 자녀가 잘하는 영역과 도움이나 연습이 필요한 부분을 구분할 수 있습니다. 자녀와 함께 자녀가 잘하는 점을 적어 보는 것도 좋습니다.

그렇다면 낮은 자기효능감을 가진 학습부진 아동을 어떻게 도울 수 있을까? 반두라는 직접적인 성공 경험, 모델의 성공을 관찰하는 대리 경험 그리고 언어적 설득에 의해서 자기효능감이 형성되고 유지되고 또 변화할 수 있다고 하였다_{Bandura, 1997}. 이 중에서 가장 중요한 요인은 학습자의 직접적인 성공 경험이라고 할 수 있는데, 성공 경험이란 어떤 과제를 성공적으로 수행함으로써 '내가 능력이 있다.'고 지각하는 것을 말한다. 성공은 자기효능감을 강화시키고 실패는 자기효능감을 약화시킨다. 학습부진 아동의 경우 반복되고 누적된 실패의 경험들로 인해 낮은 자기효능감을 가지고 있다고 볼 수 있다. 또한 자기효능감은 단순히 성공을 한다고 얻어지는 것은 아니라, 지속적인 노력으로 어려움을 극복한 경험을 통해 보다 견고해질 수 있다. 한편, 자기효능감은 성공 그 자체보다는 성공에 대한 해석에 영향을 받는데, 가령 어떤 과제에서의 성공이 '나의 힘으로 이루어졌다.'고 인식할 때 자기효능감이 향상된다. 예로, 수학 과목 기말고사에서 같은 60점, 즉 동일한 수준의 성취_{성공 경험}에 대해 어떻게 해석하는가에 따라 자기효능감이 높아지기도 하고 낮아지기도 한다.

　학습부진 아동의 학문적 자기효능감을 높이기 위해서는 학습 장면에서의 많은 성공 경험의 기회를 제공해야 한다. 이를 위해서는 우선 현실적이고 실현 가능한 학습 목표 설정이 중요한데,

평소 수학 과목에서 60점대를 받는 아동이 80점 또는 90점을 목표로 하는 것보다는 65점, 70점, 75점으로 목표를 점진적으로 높여 가는 것이 현실적으로 실현 가능한, 즉 성공 경험을 제공하는 기회가 될 수 있다. 과제를 보다 작은 단위로 쪼개고 단기목표를 설정해 학습 과정에서 아동 스스로가 자신의 진보와 성공을 경험할 수 있도록 하는 것이 중요하다. 만약 현재 실력은 고려하지 않은 채로 지나치게 높거나 비현실적인 목표를 설정하게 되면 아동은 반복적으로 실패 경험을 할 수밖에 없다.

또한 아동이 자신의 성공이 스스로의 지속적인 노력에 의한 것임을 인식하고 확신할 수 있도록 도와주어야 한다. 단순히 기말고사에서 성적이 오른 것이 중요한 경험이 아니라, 이번에 얻은 70점은 내 노력에 의한 것이고, 나는 노력하면 70점을 받을 수 있

는 능력이 있다는 것을 확신할 수 있어야 자기효능감이 향상될 수 있다.

  학습 장면에서 자기효능감을 높이기 위해서는 학습자의 직접적인 성공 경험 기회를 제공한다. 뿐만 아니라 학습에서 성공 경험을 하는 동영상을 시청하거나 책을 읽는 등의 간접경험, 그리고 부모나 교사에게 받는 피드백 등이 중요하다. 반두라가 말한 바와 같이 자기효능감은 환경의 피드백_{언어적 설득}에 의해 보다 견고

[자기효능감을 높이는 부모의 피드백]

해진다. 그러므로 아동의 수행에 대한 인정과 칭찬은 아동이 실제로 한 행동과 노력에 입각하여 구체적으로 해야 하고, 아동의 성공이 아동 스스로의 노력과 관련이 있음을 명확히 전달해야 한다. 즉, 아동의 지능이나 능력이 아닌 포기하지 않는 노력을 인정하고 칭찬해야 한다. 그러므로 중간고사에서 좋은 성적을 받은 자녀에게 "시험을 이렇게 잘 보다니, 너는 정말 머리가 좋구나."라는 칭찬보다는 "네가 시험을 앞두고 계획을 세우고 차근차근 공부하면서 꾸준히 노력했더니 이렇게 좋은 결과가 나왔구나."라고 하여, 아동이 성취를 위해 투자한 노력과 끈기에 대해 피드백을 하는 것이 중요하다.

[함께하기]

아동이 한 일에 대한 인정과 칭찬은 실제로 아동이 한 행동과 노력에 입각해서 구체적으로 하세요. 아동이 성공한 것이 자신의 노력과 관련이 있음을 명확히 전달하는 것이 중요합니다. 아동으로 하여금 지속적인 노력의 가치를 알도록 하는 것이 학습에 대한 동기를 증진시키는 방법입니다.

🐦 8세 희민이는 자신이 열심히 그린 얼룩말 그림을 가져와 부모에게 보여 주며 부모의 반응을 기대한다. 아빠는 딸의 그림을 보면서 "우

와, 우리 딸 진짜 대단한데! 천재 화가다, 천재 화가야!"라고 감탄하지만 딸은 계속 아빠를 빤히 쳐다보면서 무언가를 기대하는 눈치다. 이에 아빠는 "이거 액자에 넣어서 벽에 걸자. 아니 사진 찍어서 할머니, 할아버지, 고모, 삼촌, 이모에게 다 보내 드리자. 진짜 대단하네."라고 말한다. 그래도 여전히 무언가 미진한 듯이 바라보는 딸아이의 눈초리에 아빠는 당황한다.

"그래서 아빠는 내 그림의 어디가, 어떤 점이 그렇게 마음에 든단 말이에요?"

그제서야 딸아이의 그림을 한참 들여다보던 아빠가 말한다. "음. 얼룩말의 줄무늬 두께가 다 다른 게 인상적이고, 그것을 여러 가지 색깔로 칠한 게 조화로워 보여서 마음에 들어. 그리고 얼룩말 속눈썹이 길게 그려져 있으니까 순하고 착한 얼룩말같이 보여서 이런 얼룩말을 우리 희민이가 어떻게 생각하고 그렸을까 하는 생각이 드네." 그제야 희민이는 만족한 표정으로 자랑스럽게 얼룩말 그림을 들고 아빠에게 설명을 하기 시작한다.

"아빠, 그런데 아까는 풀을 그리다가 지겨워서 대충 그렸는데요. 지금 다시 보니까 풀이 너무 듬성듬성 난 것 같아요. 풀을 더 많이 그려 줘야겠어요."

자녀의 실제 학습 능력과
학습 손실분을 정확히 파악하세요

앞에서 살펴본 바와 같이 학습부진은 지능이 정상 범주에 속함에도 여러 가지 심리적·환경적 요인들로 인해서 학업성취 수준이 동일 연령에서 기대되는 수준보다 두드러지게 낮은 것을 말한다. 학습부진을 야기하는 원인은 다양할 수 있으나 그 결과는 학교 학습에서의 낮은 성취 수준으로써 동일하게 나타나며, 이것은 아동의 학교생활 부적응의 중요한 원인이 될 수 있다. 학습 상황에서는 누구나 언제든지 '실패'를 경험한다. 아무리 똑똑하고 유능한 학생이라도 자신이 잘 모르는 문제를 만날 수 있고, 수업 시간에 참을 수 없는 지루함을 느껴서 수업 내용이 하나도 머리에 들어오지 않는 경우가 있을 수도 있다. 중요한 내용이라서 반복해서 읽고 외우려고 하지만 이해가 안 되거나 암기하지 못하는 경우도 있다.

'학습 능력이 우수하다.'는 말은 학습에서 전혀 아무런 어려움을 겪지 않는다는 말이 아니라 어려움을 극복할 수 있는 능력과 실제로 학습에 도움이 되는 전략Learning Strategies을 구사할 수 있는 능력이 있다는 의미다. 자녀가 겪는 학습에서의 어려움을 효과적으로 돕기 위해서는 자녀가 현재 얼마만큼의 능력을 가지고 있는지에 대해 정확히 파악하는 것이 중요하다. 다시 말하자면 자녀의 현재 학습 능력 수준과 자녀가 주로 사용하는 학습 전략이 무엇인지를 알아야 한다는 의미다.

학교 학습에서 성취가 낮은 학생들은 비현실적이거나 과도한 목표를 세우는 경우가 많다. 과학 과목에서 평균 60점을 받아 온 창욱이의 목표 점수는 항상 100점이다. 어떤 부모들은 "꿈은 크게 가지는 것이 좋으니 항상 최상의 것만 목표로 삼아라."라고 말할 수도 있겠지만, 학습부진 아동에게 높은 수준의 목표는 눈에는 보이지만 만지거나 먹을 수 없는 '그림의 떡'과 같은 것이다.

수학 문제를 풀 때는 무엇에 더 신경을 써야 할까?

이러한 아동들은 습관적으로 '목표'를 세우기는 하지만 자신의 실제 수행이나 성취와는 전혀 무관한 것으로 여기게 된다. 한 번도 실현된 적이 없는 목표는 그저 꿈일 뿐이다. 그러면 왜 아동은 실현 가능하지 않은 과도하게 큰 목표를 세우는 것일까? 그 이유는 자신의 현재 능력 수준을 잘 모르기 때문이다.

🐥 1학년 5반 담임선생님은 '학년 말까지 우리 반 친구들 모두 모둠발 줄넘기를 100개 이상 하는 것'이 목표라고 말했다. 1학년 5반 20명 중에는 벌써 모둠발 줄넘기를 100개 이상 할 수 있는 친구들이 서너 명 있었고, 대부분의 학생은 50개 이상은 수월하게 하는 편이었다. 그런데 희주와 은선이는 현재 모둠발 줄넘기 30개를 겨우 넘기는 수준이다. 두 학생은 체육 시간에 줄넘기 100개 목표를 이미 달성한 다른 친구들을 바라볼 때마다 부러웠고, 자기들보다는 2~30개 이상 거뜬히 하는 친구들을 보면서는 부러움과 창피함을 느끼기도 하였다. 희주와 은선이는 '모둠발 줄넘기 100개 하기'라는 주어진 목표를 달성하기 위해서 각자 계획을 세우고 열심히 연습을 하였다. 희주는 다음 체육 시간까지 줄넘기 100개를 하는 것을 목표로 세웠다. 은선이는 자신이 현재 줄넘기 30개는 쉽게 할 수 있으니까 다음 체육 시간까지 줄넘기 40개를 어려움 없이 하는 것을 목표로 세웠다. 희주도 은선이도 집에서나 학교에서 열심히 줄넘기 연습을 한 결과, 다음 체육 시간에 모두 줄넘기 40개를 할 수 있게

되었다. 또 다음 시간의 목표로 희주는 줄넘기 100개, 은선이는 줄넘기 50개를 정했고, 역시 둘 다 다음 체육 시간에 모둠발 줄넘기를 50개 할 수 있게 되었다. 은선이는 자신의 줄넘기 실력이 차츰 늘어나는 것을 목표에 비추어 확인할 수 있었고 스스로에 대해 매우 만족스럽게 생각할 수 있었지만 희주는 여전히 자신이 50개밖에 못하는 것 때문에 속상해했다. 왜냐하면 여전히 자신이 정한 목표인 '모둠발 줄넘기 100개 하기'에는 미치지 못하는 수준이었기 때문이다. 처음에 똑같이 모둠발 줄넘기 30개를 할 수 있었던 희주와 은선이가 2주 후에 각각 줄넘기 50개씩 하게 되어 결과는 같았지만 두 아동이 경험한 것은 달랐다. 은선이가 매주 '성취'를 경험하는 동안 희주는 매주 '실패'를 경험하고 있었다.

현재 나의 능력 수준을 정확히 파악해야만 다음 목표를 정할 수 있는 것은 체육 시간의 줄넘기에만 해당하는 것은 아니다. 그것은 학교 학습의 모든 영역뿐 아니라 성취를 목적으로 하는 일상의 모든 활동에서 중요하다. 학습에서 현재 나의 능력 수준을 기저선baseline이라고 한다면, 다음번 성취 과제를 정할 때는 기저선 수준보다는 높고 다소 도전적이어서 노력과 연습을 통해 도달할 수 있는 수준의 목표를 설정해야 한다. 다시 말해, 나의 평균 점수가 40점이라면 다음번 목표는 45점이나 50점이 되어야 실제 성취 경험을 증가시켜 학습동기를 높일 수 있다. 만약 다음번 목표를 90점이나 100점으로 설정한다면 대부분의 경우 실패를 경험하게 될 것이다. 학습에서의 반복된 실패 경험은 부정적인 자아개념을 형성하는 데 영향을 미친다. 이는 학습무동기 또는 무력감을 갖게 하여 학습동기와 실제 성취에 매우 부정적인 영향을 미친다.

🐤 중학교 3학년인 아름이는 2학년이던 작년 한 해가 너무 후회된다고 하였다. 그동안도 부부갈등이 심했던 부모님의 이혼 문제로 지난해 집안이 평온할 날이 없었기 때문에 아름이는 늘 밖으로만 나돌았다. 두 분이 함께 있을 때면 큰소리로 싸우고, 엄마나 아빠가 혼자 있을 때는 자신을 붙잡고 신세 한탄을 하면서 "우리가 이혼하면 너는 누구랑 살

래?"라고 묻는 것이 아주 지긋지긋했다. 아름이는 친구네 집에서 잔다며 외박을 하기도 하고, 친구들과 게임방이나 노래방, 쇼핑센터에 몰려 다니기도 하면서 시간을 보냈다. 1학년 때까지는 상위권 성적을 유지하던 아름이였지만 2학년 1년 동안은 아무런 의욕이 없었기 때문에 지각, 결석도 많았고 수업 시간에 엎드려 자거나 딴 짓을 하며 시간을 보내기도 하였다. 당연히 학교 성적이 많이 떨어졌지만 아름이는 부모님이 싫고 집이 싫어서 '살고 싶지 않다.'고 생각할 만큼 괴로웠기 때문에 학교 성적에 신경 쓸 여력이 없었다. 우여곡절 끝에 부모님들은 다시 잘 살아 보겠다고 다짐하셨고, 아름이는 서서히 부모님과의 관계가 회복되어 집 밖에서 자는 횟수도 줄고 집에도 일찍 들어가게 되었다.

3학년이 된 아름이는 다시 공부에 신경을 쓰게 되었다. 거의 1년간 학교 공부에 소홀했으니 부족한 것은 당연하다고 생각한 아름이는 3학년 1학기 동안 수업 시간마다 집중하고 이해하기 위해 애를 썼으나 성적은 여전히 바닥이었다. 노력을 한다고 했는데 결과가 좋지 않으니 아름이의 실망은 매우 컸다. 다시 공부를 잘하고 싶지만 어디서부터 어떻게 손을 대야 할지 모르겠고, 공부하려고 노력을 해도 성적이 좋지 않으니 더 이상 노력을 하고 싶지 않았다. 3학년 2학기를 맞은 아름이는 수업 시간에 잠을 자거나 다른 짓을 한다. 수업 내용을 알아들을 수가 없기 때문이다. 작년과는 달리 선생님에게 죄송한 마음도 있고 스스로에게 답답하고 화나는 마음도 있지만 어쨌거나 겉으로 보이는 아름이의 모습은 작년이나 올해나 같다. 아름이는 잘해 보려고 마음을 먹었지만 달라지는 것이 하나도 없다는 생각에 화도 나고 속상하다.

상담 장면에서 만나는 아동·청소년이 호소하는 내용 중 하나는 '수업 내용을 못 알아듣겠다.'는 것이다. 언제부터 못 알아듣겠더냐 물어보면, 아이들 나름대로 어떤 시점을 떠올린다. "제가 그 전까지는 잘했거든요. 그런데 갑자기 어려워지고 못 알아듣겠는 거예요." 우리가 포착해야 하는 시점은 바로 거기다. 아이들이 이해하지 못하겠다고 느끼기 시작하는 시점에 적절한 개입을 통해서 이해를 도울 수 있다면 아이들은 자연스럽게 다음 단계의 학습 과제로 넘어가게 된다. 그런데 이해하지 못하겠다고 느끼는 시점에 아무런 도움을 받지 못하고 스스로도 문제를 해결하지 못한 채로 있으면 그 부분의 학습은 손실된 채로 남게 된다. 뿐만 아니라 학습 손실분은 시간이 흐를수록 누적되어 아동은 수업에 대해 좌절감을 경험하고 이것이 반복되면 무력감을 느끼게 된다.

그러면 어떻게 학습 손실분을 파악하고 어디에서부터 아동이 이해하기 어려웠는지를 찾아낼 수 있을까? 방법은 간단하다. 현재의 학습 진도에서 시작해서 그 전 단계로 돌아가서 점검하면 된다. 만약 다각형의 넓이를 재는 것을 배우는 아동이 어려움을 느낀다면, 삼각형의 넓이를 잴 수 있는지 확인해 보고, 삼각형 넓이를 재는 것에도 어려움을 느낀다면, 아동이 각도를 재고, 각도의 개념을 알고 있는지를 확인해 본다. 이렇게 정해진 학습단계를 역으로 되짚어 따져 보면 아동이 어느 개념 또는 어떤 공식까지 이해하고 있는지를 확인할 수 있게 된다. 바로 이 지점이 학습 문제에 개입하는 계획을 세워야 하는 기준점이 될 수 있다. 아동은 "그런 거는 4학년 때 다 배운 거라고요. 나는 지금 6학년인데 무슨 각도를 재고 삼각형 문제를 풀어요?"라고 말할 수도 있지만 수업 시간에 진도를 나간 것이 곧 내가 이해했다는 뜻은 아니므로 비록 학교 수업 진도에 비하여 뒤처지더라도 반드시 이해가 멈춘 그 시점을 찾아서 학습 계획을 다시 세워야 한다.

이해가
안 되는 개념들

초1　　　　초3　　　　초6　　　　중2

　우리가 쉽게 예상할 수 있듯이, 아동의 학년이 높아질수록 이해가 멈춘 시점을 찾기 위해 학습 과정을 되돌아 탐색해 가는 것은 쉬운 일이 아니다. 그러므로 학습 문제에 대해서는 저학년 시기에 파악하고 개입하는 것이 매우 중요하다. 특히 초등학교 1, 2학년에서 다루는 기초적인 읽기, 쓰기, 셈하기는 학교 학습 전반에서 매우 중요한 기초 학습 능력이므로, 학습부진의 문제가 의심되는 경우 반드시 점검해 봐야 한다.

　🐦　현재 초등학교 1학년인 재선이의 부모님은 재선이의 학교 문제로 고민이 많았다. 부모님이 외국에서 공부를 하던 중에 태어난 재선이는 그 나라에서 자라다가 작년에 한국에 오게 되었는데, 귀국 당시 만 7세인 재선이를 한국의 초등 1학년 2학기 후반부터 시작하도록 할 것인

지 아니면 좀 더 기다렸다가 1학년에 입학시킬 것인지에 대해 여러 사람의 의견을 듣기도 하고 먼저 경험한 부모들의 조언을 듣기도 했다. 대부분의 사람은 "애들은 금방 적응한다. 그냥 학교 보내면 다 잘 따라갈 거다."라며 괜한 걱정을 한다는 투로 이야기했지만, 결국 재선이의 부모는 몇 개월 기다렸다가 1학년으로 입학시키기로 결정하였다. 왜 그런 결정을 내렸을까? 재선이 부모는 당시 재선이 또래들이 배우고 있던 교과서를 아이에게 보여 주며 얼마나 이해하는지를 확인해 보았다. 재선이는 외국에 있을 때도 집에서는 부모님과 한국말을 사용하고 한국어 동화책을 들으며 자랐기 때문에 구어를 이해하는 데에는 어려움이 없었지만 교과서를 읽고 그 뜻을 정확히 이해하는 데는 어려움이 있었다. 특히 수학 과목에서 숫자로 주어지는 연산 문제는 그 또래 수준에 맞게 풀 수 있었지만 문제로 주어지는 문장을 이해하지 못해서 답을 틀리는 경우가 많았다. 단어의 의미를 충분히 이해하지 못하기 때문에 누군가가 설명해 주지 않으면 문제를 제대로 이해하지 못하고 추측해서 푸는 경우가 많았기 때문이다. 재선이와 함께 1학년 교과서와 2학년 교과서를 살펴보던 재선이 부모님은 이대로 학교에 보냈다가 몇 개월 후 바로 2학년이 된다면 재선이가 얼마나 많은 좌절을 겪게 될까 생각한 끝에 올해 초등학교 1학년에 입학을 시켰다. 결국 재선이는 다른 아동들보다 1년 늦게 학교에 들어간 셈이지만, 재선이 부모님은 한번 시작하면 최소한 12년은 학교를 다닐 텐데 기초를 제대로 다지기 위해서 1년 늦게 시

작하는 것이 아이가 학교 장면에서 무수히 좌절을 경험하는 것보다 낫다고 생각한다. 🐦

 초등학교 저학년 아동들의 읽기, 쓰기, 셈하기 능력, 즉 기초 학습 능력은 부모가 함께 놀면서 그 수준을 파악할 수 있다. 예를 들어, 아동과 함께 동화책을 한 쪽씩 번갈아 가며 읽거나, 흥미로운 신문기사를 함께 읽고 그 내용을 요약하도록 시켜보거나, 음식점의 메뉴판을 읽으며 주문받는 웨이터 흉내를 내 보도록 하는 등 다양한 활동을 통해 아동의 읽기와 이해 능력을 알아볼 수 있다. 특정 글자_{이중받침이 있는 것, 특정 자음이 포함된 것 등}를 읽는 데 어려움이 있는지, 읽기에는 문제가 없는데 단어의 뜻을 잘 모르는 것인지 아니면 읽고 이해를 하는 것 같은데 자신의 말로 표현하는 것을 어려워하는 것인지를 먼저 살펴볼 필요가 있다. 조금만 관심을 가지고 본다면 아동의 다양한 읽기 활동 속에서 아동의 읽기와 이해의 수준을 파악할 수 있다. 쓰기 능력을 알아보기 위해서는 부모와 서로에게 편지 쓰기, 재미있는 문장 받아쓰기, 끝말 이어가기를 하면서 글짓기 하기 또는 시장 볼 품목 적어 보기, 만들고 싶은 음식 레시피 써 보기 등 다양한 일상 활동을 활용할 수 있다. 셈하기 능력 역시 시장놀이 등을 통해 수세기, 더하기와 빼기 등의 기초 연산 능력을 파악할 수 있다. 이러한 일상 활동을 자녀와 함께함으로써, 자녀의 읽기, 쓰기, 셈하기 능력을 알아볼 수 있을 뿐 아니라, 놀이를 통해 문제 영역에 개입할 수 있게 된다.

효과적인 학습 전략을
사용하도록 도와주세요

{ 기억과 학습 }

학습이 일어날 때 뇌는 어떤 일을 하고 있을까? 학습이 일어나기 위한 기본 조건이 되는 인간의 기억은 그 구조와 기능상 감각기억,

단기기억, 그리고 장기기억의 세 가지로 구분할 수 있다. 기억이란 정보를 저장하고 사용할 수 있는 능력을 말하는 동시에 우리가 학습한 것과 기억한 것을 저장한 상태를 말하기도 하는데, 기억이 얼마나 오래 지속되는가에 따라 세 가지로 구분된다.

우리가 보고, 듣고, 맛보고, 냄새 맡고, 만지는 모든 것, 즉 오감에 의해 경험된 것은 뇌에 매우 짧은 시간 동안 흔적을 남기는데, 이것을 감각기억Sensory Memory이라고 한다. 감각기억에는 외부 세계에서 수집한 모든 정보가 모이는데 그중 대부분은 잠시 후에 사라진다. 예를 들면, 지금 당신이 이 글을 읽고 있는 동안 뇌에는 시각 정보 형태로 입력되는데 그 자체로는 유지되는 시간이 매우 짧기 때문에 이후에 회상하는 데에는 어려움이 있다.

그런데 우리가 어떤 정보에 좀 더 주의를 기울이면 그 정보는 사라지지 않고 단기기억Short-Term Memory에 저장되는데, 그 시간은 2초에서 30초 정도다. 예를 들어, 전화를 걸기 위해 방금 전해 들은 전화번호를 기억하거나 어떤 문제를 풀기 위해 일시적으로 어떤 특성에 초점을 맞추고 있어야 하는 경우에 단기기억이 작동되는 것이다. 단기기억은 우리가 어떤 과제에 대해 일하는 동안 필요로 하는 정보를 일시적으로 저장하는 장소이기 때문에 작업기억Working Memory이라 부르기도 한다. 단기기억작업기억의 내용은 연습을 통해서 장기기억으로 전이될 수 있으며 그렇지 않은 경우 소멸된

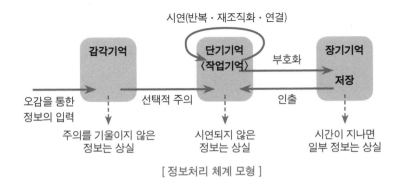

[정보처리 체계 모형]

다. 단기기억은 그 용량이 제한되어 있는데, 우리는 그것을 매직 숫자Magic Number라고 부르며, 그 용량은 대략 7±2, 즉 5~9 사이의 문자들, 숫자들, 또는 정보의 덩어리chunk다. 단기기억의 용량을 늘리는 데 좋은 방법은 기억하고자 하는 내용을 더 적은 수의 의미 있는 단위들로 변환시키는 것인데 이것을 청킹chunking이라고 한다. 예를 들어, 89754329081라는 무의미한 숫자를 기억하는 것보다는 897-5432-9081이라는 청크를 기억하는 것이 훨씬 수월하다.

장기기억Long-Term Memory은 막대한 양의 정보를 30초 정도의 짧은 시간부터 평생 동안의 긴 시간까지 저장할 수 있는 능력을 가진 기억으로, 단기기억에 남은 정보 중에서 중요하다고 판단되거나 강한 인상을 남긴 정보들을 보존한다. 어제 저녁 식사 시간에 있었던 일을 기억하는 것, 중간고사 시험 준비를 하면서 배운 내용을 기억하는 것, 5년 전 가족여행에서의 사건을 기억하는 것 등이 모두 장기기억이다. 그렇다면 아동이 수업 시간에 배운 지층구조에 대해 성인이 된 후에도 기억할 수 있을까? 이것은 일차적으로 아동이 이 정보를 얼마나 자주 사용하는지 또는 얼마나 많이 시연rehearsal하는지에 달려 있는데, 시연이란 재료를 반복적으로 암송하거나 연습하는 것을 말한다.

기억은 새로 들어온 정보를 부호화하여 저장하고, 저장된 정보를 인출하는 과정을 거친다. 부호화encoding란 새로운 정보에 주의를 기울이고 처리하여 통합하는 과정으로 장기기억 저장에 있어 핵심이 된다. 정보를 처리하는 수준에 따라서 기억과 회상이 더욱 잘 일어날 수 있는데, 특히 기억하고자 하는 정보에 의미가 부여되고 이미지 또는 정서와 결합되는 경우 그 내용은 더욱 정교하게 부호화되어 기억이 오래 지속될 수 있다. 저장storage이란 정보를 보관해 두는 것을 말하는데, 부호화된 정보들이 기억으로 확립되어 안정화되고 보다 견고해짐으로 이루어진다. 인출retrieval이란 기억에 저장된 정보를 다시 떠올리는 것으로, 필요한 상황에서 해당 정보를 꺼내 사용하는 것을 말한다. 아무리 많은 정보들을 의미 있게 부호화하여 장기기억에 저장하더라도 인출이 잘 되지 않는다면 아무 소용이 없다. 예를 들어, 사회 시험을 앞두고 신석기 시대의 특징을 열심히 외운 학생이 막상 시험 문제에 나온 빗살무늬토기를 보고 이름을 떠올리지 못한다면 무슨 의미가 있겠는가? 학습 상황에서 새로운 정보를 아무리 잘 저장하였다고 하더라도 필요할 때 제대로 인출할 수 있어야 하며, 이를 위해 다양한 학습 단서들cues을 사용할 필요가 있다.

인간의 뇌를 흔히 컴퓨터에 비유하지만, 사실 인간의 뇌는 컴퓨터와는 달리 정보들을 특정한 장소에 독립적으로 저장하지 않는다. 예를 들어, 우리는 어떤 데이터를 컴퓨터 하드디스크의 특정한 장소에 저장해 두고 필요할 때 그 데이터를 그대로 불러내서 사용한다. 하지만 우리의 기억은 다양한 연결망으로 이루어져 있어서, 어떤 자극 정보가 뇌에 전달되면 관련된 정보들이 함께 반응하여 그 자극에 대해 인식하고 관련된 기존 다른 정보나 감정들과 연결하여 새로운 지식으로 저장하게 되는 것이다. 정보를 기억 속에 저장하는 것은 신경세포의 결합이 바뀐다는 것을 의미한다. 새로운 정보와 기존 정보 간의 새로운 결합에 따라 새로운 시냅스가 생기고 이 새로운 시냅스를 따라 새로운 신호가 흐르게 되는데, 이 신호가 특정한 기억을 담당한다. 예를 들어, 우리가 길을 걷다가 사다리가 달린 커다란 빨간차가 비상등을 번쩍이고 시끄러운 소리를 내며 빠르게 달리는 것을 본다면 우리 뇌는 그것이 '소방차'라는 것을 기억한다. 이때 우리 뇌에서는 소방차에 대한 여러 가지 정보들을 담고 있던 각각의 신경세포 결합들이 동시에 활성화되는데 이것이 바로 기억인 것이다.

그러므로 기억을 증진시키기 위해서는 새로운 정보를 가능한 한 많은 신경세포들의 결합과 연결시키는 것이 필요하다. 즉, 기존에 가지고 있던 지식들과 새로 유입된 정보를 연결시키는 것이 중요하다. 여기에서 사용되는 것이 학습 단서들이다. 예를 들어, 새로운 교과서를 받았을 때 바로 본문부터 읽어 가는 것이 아니라 목차나 각 단원의 제목들을 살펴보면 과거에 내가 배웠던, 내가 이미 알고 있는 정보들을 떠올릴 수 있다. 이처럼 이미 가지고 있는 지식들과 새로운 정보들을 엮어 나가면 더 오랫동안 정확하게 기억하는 것이 가능하다.

아동·청소년이 학교나 학원, 인터넷 강의로 수업을 듣거나 책을 읽어 얻은 정보는 아주 짧은 순간의 감각기억을 거쳐서 단기기억 또는 작업기억이라고 불리는 장소에 있다. '학습'을 위해서 필요한 일은 이 정보들을 장기기억으로 옮기고 필요할 때예: 시험 시간에 그 정보들을 제대로 인출해 내는 것인데, 이를 위해서는 주어진 정보들을 얼마나 효과적으로 부호화하는지가 중요하다. 그러나 정보를 부호화하는 것보다 더 중요한 것은 학습자인 아동·청소년에게 이 정보 또는 지식을 기억하고자 하는 의도가 있는가; 그리고 이 정보나 지식이 학습자 자신에게 얼마나 의미가 있는가 하는 점이다. 자녀들이 수많은 공룡 이름이나 포켓몬 캐릭터 이름을 혼동 없이 외우고 기억하는 것을 생각해 보면 기억과 학습

에서 학습자의 의도와 흥미가 얼마나 중요한지를 알 수 있다.

기억을 통해 학습력을 향상시키기 위해서는 다음의 방법들이 도움이 된다.

첫째, 수업 전에 교과서나 관련된 책을 미리 읽는다. 교과서를 미리 읽고 수업을 듣게 되면 선생님이 무슨 얘기를 하고 있는지 더 잘 이해할 수 있다. 수업 전에 교과서나 관련 도서를 먼저 읽으면, 수업에서 새로운 정보들을 접했을 때 이미 내가 경험한 것과 관련하여 어디에 새 정보를 넣을지 위치가 정해진다. 즉, 정보 간의 연합을 만들 수 있다. 교과서뿐 아니라 선생님이 수업 전에 제시하는 학습 목표 또는 각 단원 앞에 나오는 개요들을 먼저 살펴보는 것은 앞으로 접하게 될 새로운 학습 내용에 대해 더욱 효과적으로 이해하고 의미 있게 기억할 수 있도록 한다. 그러므로 새 학기가 시작되기 전, 자녀와 함께 교과서를 훑어본다거나 주말동안 다음 주 학습 진도에 해당하는 교재를 목차, 단원의 소제목들과 함께 살펴보고, 매일 저녁에는 다음 날의 수업 내용에 해당하는 교과서 부분을 미리 읽어 보는 것이 도움된다.

둘째, 수업에 집중한다. 선생님의 설명 중 이해하기 어려운 부분은 즉시 질문하거나, 표시를 하고 질문을 적어둔 후 나중에 다시 돌아가서 이해되지 않는 부분을 해결하도록 한다. 주어지는 정보들은 어떤 식으로든 작업하지 않으면 단기기억 수준에서 그냥 사라지고 만다. 만약 '이해가 안된다'고 생각한 순간이 그냥 지나가면, 계속 제시되는 새로운 정보들로 인해 간섭이 일어나서 나중에 그 내용을 다시 떠올리는 것이 쉽지 않다. 수업시간 중에 친구와 떠들거나 핸드폰 문자를 주고받거나 다른 생각을 하고 백일몽에 빠지는 것은 정보들을 의미 있게 처리하여 장기기억에 저장되도록 하는 데에 간섭이 일어날 수 있는 환경이다. 새로 접한 정보를 잘 모르거나 이해하지 못하는 것은 학습 과정에서 언제나 발생할 수 있는 자연스러운 일이다. 수업에 방해되지 않는 수준에서 질문을 통해 정보를 제대로 이해해야 하며, 정보의 처리 과정에 간섭이 일어날 수 있는 상황은 통제해야 한다.

셋째, 보다 깊은 수준에서 공부한다. 교과서나 노트 필기를 다시 읽거나 강조 표시를 하는 것은 '얕은 수준'의 방법이다. 보다 깊은 수준에서 공부를 한다는 것은, 내용을 의미 있는 방식으로 처리하는 것을 말한다. 예를 들어, 새로 배운 영어 단어 'desert'를 단순하게 반복해서 읽고 베껴 쓰며 발음과 뜻을 외우는 것은 '얕은 수준'의 학습이다. 반면에 사전을 찾아보면서, 'desert'라는 단어가 '반대'라는 뜻의 de와 '놓아두다'라는 의미의 'sert'의 결합이라는 것을 알게 되면 'desert'가 '사막, 황무지'라는 뜻의 명사와 '버리다, 돌보지 않다'라는 뜻의 동사로도 쓰임을 알 수 있다. 나아가서 '후식'이라는 뜻을 가진 dessert라는 단어와 비교하여 dessert는 다양한 종류의 후식을 먹고 또 먹는 모습을 중간에 s가 두 개인 것과 연결시켜 기억할 수 있는데, 이것이 바로 '깊은 수준'의 학습이다. 배운 내용을 자신의 방식대로 노트에 정리해 보는 것, 자신의 말로 요약하는 것, 스스로 질문을 만들고 답을 해 보는 것, 배운 내용의 핵심 주제를 구분하고 개요를 시각화하여 표현할 수 있는 것mapping 등이 바로 '깊은 수준'의 학습을 가능하게 하는 방법들이다. 자녀가 선생님이 되어서 학습 내용을 부모나 형제, 또는 친구들에게 설명해 보는 것도 도움이 된다.

넷째, 분산 학습을 통해 망각forgetting을 줄인다. 망각이란 시간이 지나면서 자연스럽게 일어나는 기억의 약화나 상실을 말한다. 망각은 저장된 정보들을 단순히 기억해 내지 못해서 일어날 수도

있고, 인접한 정보들 간의 연결을 오랫동안 사용하지 않아서 기억이 약화되고 저하되어 일어날 수도 있다. 망각에 대한 연구는 1880년에 에빙하우스Ebbinghaus에 의해 시작되었는데, 그는 회상이 시간이 지남에 따라 꾸준히 하락하지만 시간이 흐를수록 기억이 쇠퇴하는 속도도 느려진다는 것을 발견하였다. 에빙하우스의 망각곡선은 인간이 결국 망각할 수밖에 없는 존재이며, 망각을 최소화하는 것이 바로 효과적인 학습이라는 사실을 말해 준다. 여기서 중요한 것은 시간이 지나면서 학습한 내용을 점차 잊게 되지만, 한 달이 지나도 학습한 내용의 100%를 다 잊지는 않는다는 점이다. 그러므로 기억하고 있는 내용, 망각이 일어나지 않은 부분을 늘리기 위해서 '반복'을 해야 하는데, 한번에 많은 분량을 집중적으로 외우기보다는 시간 간격을 두면서 분산 반복을 하는 것이

기억에 보다 더 효과적이다. 따라서 중요한 학습 내용은 주기적인 반복을 통하여 진정한 자기 지식으로 만들 수 있다.

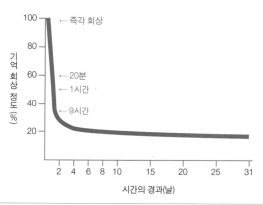

학습한 후 20분만 지나도 내용의 40%를 잊어버리게 된다. 그러나 시간 간격을 두고 반복 학습을 하는 경우 학습 내용을 더 많이 더 오래 기억할 수 있다.

[복습(반복 학습)의 힘]

다섯째, 충분한 휴식과 수면 시간을 갖는다. 정신이 맑고 즐거울 때 배운 지식이 오래 기억된다. 편안하고 좋은 기분일 때 분비되는 세로토닌과 노르아드레날린, 그리고 집중력을 향상시켜 주는 아세틸콜린이 분비될 때는 정보가 훨씬 기억에 오래 남는다. 하지만 피곤하거나 지루할 때는 아무리 재미있는 것을 배우더라도 기억하기가 어렵고 학습이 제대로 이루어지지 않는다. 따라서 충분한 수면은 기억을 위해 매우 중요하다. 수면은 우리가 배우고 기억하는 것을 돕는다. 새로운 기술을 학습하는 동안 우리 뇌 속에서는 기억의 형성과 학습에 중심이 되는 뇌구조인 해마가 활성화된다. 새로운 기술을 학습한 후에 잠을 잔다면, 수면 동안 똑같은 종류의 해마 활동이 나타난다. 즉, 서파 수면 동안 해마 활성화가 많이 일어날수록 다음 날 동일한 과제에서 더 잘 수행하게 된다. 다시 말하면, 우리가 잠을 자는 동안 낮에 학습한 내용들이 뇌에서 재연되어 수행에 도움이 된다는 의미다. 또한 수면 부족은 새로운 신경의 성장을 억제한다는 연구 결과들이 있다. 그러므로 시험 전에 밤을 새며 '벼락치기' 식의 공부를 하는 것은 다음 날 시험에 반짝 도움은 될 수 있을지 몰라도 정보를 장기간 기억하는 데에는 비효율적인 학습 전략이다.

[기억을 촉진하는 방법]

앞에서 살펴본 바와 같이 단기기억의 정보를 장기기억으로 전이시키기 위해서는 정보를 부호화해야 한다. 정보를 보다 깊은 수준에서 부호화하는 방법은 기억술(mnemonic device)을 개발하는 것인데, 기억술이란 사람들이 정보를 기억하도록 도와주는 전략들이다. 시연이나 청킹도 기억을 돕는 전략이며 그 외에도 다음과 같은 다양한 기억술이 있다.

1. 두문자어(Acronyms)는 암기할 항목의 첫 자를 따서 새 단어나 문장을 만드는 것이다. 예를 들어, 현악기의 종류를 외울 때 바이올린, 비올라, 첼로, 더블베이스(콘트라베이스), 하프의 첫 글자들을 따서 "밥이 차다, 하!"라고 문장을 만들면 쉽게 기억날 수 있다.

2. 핵심어법(key word method)이란 친숙하지 않은 단어들을 기억해야 할 때 사용하는 방법으로 외국어 공부에 많이 활용된다. 예를 들어, 스페인어에서 무릎(knee)이란 뜻을 가진 'rodilla'라는 단어를 외울 때 이미 알고 있는 영어 단어에서 발음이 비슷한 rodeo를 가지고, 마치 카우보이가 무릎을 강조한 옷을 입고 로데오를 하는 모습을 이미지화하는 것이다. 이렇게 해서 'rodilla'라는 단어를 발음 나는 소리와 함께 외울 수 있다.

3. 청킹(chunking)이란 516717625라는 일련의 숫자를 외울 때, 나에게 의미 있는 혹은 의미를 만들 수 있는 덩어리로 묶는 것을 말한다. '516 군사정변, 717 제헌절, 625 전쟁' 이렇게 나누어서 외우는 것이다.

4. '기억의 다리'는 하나의 정보에 초점을 맞추어서 다른 정보도 연쇄적으로 환기되게끔

하는 것이다. 이것은 마인드 맵 그리기 활동을 통해서 많이 개발될 수 있다.

5. 장소법(method of loci)이란 자신이 암기해야 하는 항목들을 속해 있는 물리적 장소와 연합시키는 것이다. 예를 들어, 시험 볼 교실에 있는 사물들에 암기해야 할 것들을 일일이 대입해 가며 외우는 것으로 항목들의 목록을 특정한 순서로 암기하려고 할 때 유용한 방법이다.

6. 연결하기란 한 단어 또는 일련의 글자들을 활용하여 같은 글지로 시작하는 정보들을 연결시키는 방법이다. 효과적인 학습을 위한 SMART한 목표 설정을 소개할 때 specific, measurable, action-oriented, realistic, time-bound의 첫 글자들은 SMART라는 단어를 이루므로 기억하기 쉽다.

7. 노래에 대입하기 방법은 청각적인 학습 방법을 선호하는 사람에게 도움이 되는 방법으로, 외워야 할 내용을 노래에 대입하여 암송하는 것이다. "태정태세문단세……" 조선 역대 왕을 외우기 위해 동요 '산토끼'의 멜로디를 활용하는 것이 한 예다.

8. 이야기 구성법은 빠른 순간에 여러 개의 항목을 암기해야 할 때 매우 유용하게 사용되는 방법이다. 예를 들어, '집, 컴퓨터, 열쇠, 화분, 고양이,연'을 외워야 할 경우, "연날리기를 매우 좋아하는 한 남자가 있었다. 이 남자가 집에 들어가려고 열쇠로 문을 열었더니 고양이가 놀라서 화분을 떨어뜨리는 바람에 컴퓨터가 깨져 버렸다." 이런 식으로 하나의 스토리를 구성해서 암기하는 것이다.

#이 붙는 순서에 따른 조표는? "사랑과 만나 봐." 사장조, 라장조, 가장조, 마장조, 나장조, 바장조

기억술을 사용할 때는 가능한 한 오감을 총동원하는 것이 효과적이다. 예를 들어, 새로운 시를 외운다고 생각해 보자. 단순히 글자, 단어, 문장들을 기계적으로 암송하는 것이 아니라, 내가 시 속의 주인공이 되어보기도 하고, 이 시의 내용이 펼쳐지는 장면을 상상해 보기도 하면서 거울을 보고 외워 보기도 하고, 움직이면서 외워 보기도 한다. 또는 내 목소리로 시를 녹음해서 들어 보기도 하면 학습이 더욱 효과적으로 이루어진다.

{ 목표 설정 전략 }

새해가 되면 많은 사람이 새해 목표를 세운다. 학생들도 새학기 또는 방학마다 목표를 세우고 계획을 짠다. 목표란 무엇일까? 목표는 개인이 성취하고자 애쓰는 그 무엇인가를 말한다. 무엇을 목표로 하는가를 통해 개인이 어떤 것을 중요하게 여기고 가치를 두는지, 무엇을 하고자 하는 것인지 알 수 있다. 목표는 수행의 기준을 마련하는 것으로, 목표가 있는 사람의 수행이 더 좋다. 마라톤에 나가려고 준비한다고 생각해 보자. 목표가 없는 사람에 비하여 지난번 자신의 기록보다 2분을 단축하겠다는 목표를 가진 사람이 훈련 계획도 보다 세세하게 세울 수 있고, 자신의 진보나 약점도 명확히 파악하여 보완할 수 있을 것이다. 결국 최종적인 수행에서 목표 없이 무턱대고 열심히 한 사람보다 좋은 결과를 얻게 된다.

목표에는 시간적인 차원이 있어서 궁극적으로 무엇을 성취하고자 하는지를 장기목표로 세운다면 그것을 달성하기 위하여 무엇을 어떻게 할 것인지를 보여 주는 중간 또는 단기목표를 세워야 한다. 앞에서 살펴본 바와 같이 실제 성공 경험은 자기효능감을 높여 주므로 인내심을 가지고 지속적인 목표추구 행동을 할 수 있는 원동력이 된다. 따라서 장기목표 달성을 위한 중간목표, 단기목표, 일간목표들이 상호 연관성을 가지고 있을 때, 그리고 이를 위한 체계적인 계획이 수립되었을 때 성공 경험의 기회가 증가하고 실제 수행에서 성취/성공을 얻게 되는 것이다.

좋은 목표를 세우기 위해 첫 번째로 할 일은 목표를 구체적이고 분명하게specific 정의하는 것이다. 내가 원하는 바가 무엇인지를 모호한 말로 표현하기보다는 간결하고 명료하게 적어 본다. '물 많이 마시기'보다는 '하루에 물 2L 마시기'라고 하는 것이 보다 명확하고 구체적인 목표가 된다.

목표는 측정이 가능하도록measurable 기술한다. '하루에 물 2L 마시기'라는 목표는 하루라는 제한된 시간 동안 2L라는 분량을 구체적으로 명시함으로써 실제로 그 분량의 물을 섭취했는지 아니면 1.5L를 섭취했는지를 잴 수 있다.

목표는 행동적 언어로action-oriented 기술해야 한다. '공부를 열심히 한다.'가 아니라 '하루에 수학 문제집 2장씩 푼다.' 또는 '매주 토

요일 아침마다 영어듣기를 30분씩 한다.' '하루에 한자 1개씩 외운다.' 등 자신이 달성하기 원하는 것을 이룰 수 있는 실행 방법을 명확히 기술하는 것이 좋은 목표가 된다.

또한 목표는 현실적realistic이어야 한다. 예를 들어, 지난번 중간고사에서 평균 40점을 받았던 수빈이가 기말고사에서는 전 과목 90점 이상을 받겠다는 목표를 세우는 것은 실현되기가 어렵다. 각 과목별로 현재 자신의 점수를 기준으로 해서 자신이 1개월간 계획을 잘 세우고 노력을 해서 얻을 수 있는 점수가 몇 점까지인지를 생각해 보고 그 점수를 얻기 위해 얼마만큼의 노력을 어떻게 할 것인지 판단을 해야 한다.

맞벌이 부모의 첫째로 부모님이 퇴근하기 전까지 어린 동생을 돌보는 책임을 나누어 맡은 윤미가 '매일 저녁식사 전에 수학 문제집 세 장씩 풀기'라는 목표를 세우는 것은 현실적으로 성공이 불가능하다. 윤미에게 필요한 좋은 목표란, 자신이 학습에 집중할 수 있는 시간과 공간을 확보하고 이 시간에 할 수 있는 양을 정하는 것이다. 한편, 자신에게 주어진 과제를 완수하는 데 시간이 얼마나 걸릴지를 예측해 보는 것도 필요하다. 대부분의 학생은 일정 시간에 자신이 할 수 있는 학습 과제의 분량을 과대 혹은 과소평가하는 경향이 있으므로, 목표를 세우고 실행을 평가할 때 너무 시시하게 여기거나 반대로 좌절하게 되는 경우가 많다. 좋

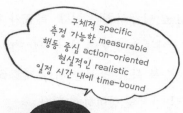

[SMART한 목표]
• 매일 등교 시간에 새로운 영어 단어를 세 개씩 외운다.
• 자기 전에 아침에 외운 세 단어를 뜻과 함께 써 본다.

[모호한 목표]
• 영어 단어를 많이 외운다.

은 목표란 성취와 달성을 위해 세우는 것이지 좌절과 무력감을 경험하기 위해서 세우는 것이 아니다.

목표는 목표가 달성되었는지 여부를 평가할 수 있도록 시간/기한을 정하고$_{time-bound}$ 세워야 한다. '윗몸 일으키기 50개 하기'를 목표로 정했다면 이것을 언제까지 달성할 것인지를 분명히 해야 이에 따른 실천 계획을 세울 수 있고, 목표에 부합하여 세운 계획을 잘 따를 때 실제로 목표를 달성할 확률이 높다. 즉, 목표는 구체적$_{specific}$이고 측정 가능한$_{measurable}$ 행동 중심$_{action-oriented}$의 언어로 진술되었을 때, 현실적으로$_{realistic}$ 일정 시간 내에$_{time-bound}$ 달성할 수 있는 기준을 설정하였을 때 성공적으로 달성하기가 쉽다. 목표가 가져야 할 각 특성의 영어 단어 앞 글자를 가져오면 바로 SMART가 되는데, 목표를 똑똑하게smart 세울수록 목표 달성을 위한 계획을 잘 세울 수 있고, 이를 통해 성공 및 성취를 경험하게 된다.

[함께하기]

목표설정의 SMART 원칙을 고려하여 자신이 달성하고 싶은 목표를 적어 보세요.

(**S**pecific, **M**easurable, **A**ction-Oriented, **R**ealistic, **T**ime-bound)

예) · 물을 많이 마신다.
　　➡ 앞으로 30일간 매일 아침에 일어나자마자 물 한 잔을 마신다.
　· 피아노 콩쿠르에서 입상한다.
　　➡ 매일 저녁 콩쿠르에 나갈 자유곡을 30분씩 연습한다.
　· 체험학습 보고서를 잘 쓴다.
　　➡ 방문하는 장소마다 입구에서 사진을 한 장씩 찍고 장소의 특징, 체험을 마치고 가장 기억에 남는 일과 소감을 핸드폰에 녹음해 둔다.

· 나의 목표 ➡ SMART한 목표 진술 연습
·　＿＿＿＿＿＿＿＿＿＿＿　　＿＿＿＿＿＿＿＿＿
·　＿＿＿＿＿＿＿＿＿＿＿　➡　＿＿＿＿＿＿＿＿＿
·　＿＿＿＿＿＿＿＿＿＿＿　➡　＿＿＿＿＿＿＿＿＿

공부를 열심히 하는 것이 아니라 '똑똑하게' 해야 한다고 했던 것처럼 시험을 준비하고 치르는 데에도 효과적인 방법, 즉 특별한 요령이 필요하다. "저는 공부를 열심히 하는데도 시험을 잘 못 봐요."라고 호소하는 아이들에게는 공통적인 몇 가지 특징이 있다.

첫째, 효과적인 기억술을 사용하지 않는다. 대부분 학습 문제가 있는 아동·청소년은 "열심히 외웠는데 시험지를 받으니까 하나도 기억나지 않아요. 저는 머리가 나쁜가 봐요."라고 하지만 이것은 머리, 즉 인지 기능의 문제가 아니라 아동이 사용하는 기억술의 문제다. 결국 중요한 학습 내용을 제대로 부호화하여 장기 기억에 저장하지 않았기 때문에 필요할 때에 필요한 정보를 적절하게 인출할 수 없었음을 의미한다. 자신에게 맞는 기억술을 사용하여 기억을 제대로 하는 것도 중요하고, 기억한 내용을 잘 인출할 수 있는지 여부를 스스로 평가해 보는 것도 필요하다. 즉, 어떤 내용을 암기했다면 책이나 노트를 덮고 그 내용을 떠올려 본다거나, 그림이나 도표로 그려 보거나, 아니면 친구들에게 수업하는 것처럼 설명해 보는 방법을 통해서 자신이 제대로 암기를 했는지, 암기한 내용을 회상할 수 있는지 스스로 평가해 보는 것이 필요하다. 연습장에 같은 영어 단어를 100번씩 쓰고 암기했다고 하는 것은 아무 의미가 없다. 암기한 내용을 회상해 낼 수 있는 자극들이 주어졌을 때, 즉 시험 상황에서 다양한 형태로 그 단어를 묻는 문제들을 만났을 때 바로 그 단어와 뜻을 기억해 내야만 암기한 보람이 있는 것이다.

둘째, 중요한 것과 중요하지 않은 내용을 구분하지 않는다. 이들은 소위 '헛다리 짚는 유형'으로, 공부를 했다고 하지만 중요하지 않은 것들을 공부한다. 교과서의 특정 단원을 읽으면서 모든 내용에 밑줄을 긋는 학생이 있다. 모든 단어를 연습장에 옮겨 쓰며 동그라미를 그리고 중얼중얼 외운다. '똑똑하게' 공부하고 시험 준비를 하는 방법 중 가장 기본적인 것은 무수히 많은 학습 내용 중에서 중요한 것과 그렇지 않은 것을 가려내는 것이다. 책을 읽기 전에 목차를 먼저 살펴본다거나 각 단원에서 소제목들을 읽어 보면서 내용을 미리 짐작해 보는 것은 주어진 학습 내용 중 무엇이 중요하고 의미가 있는 것인지를 가려내는 기본적인 방법이다. 전체적인 목차와 단원별 소제목들을 미리 훑어봄으로써 교과서가 무엇에 대해 말하려고 하는지 알 수 있고, 또한 내가 이미 가지고 있는 사전 지식과 연결시킬 수 있으므로 보다 의미 있는 학습이 일어날 수 있다. 시험 준비를 위해서는 수업 시간에 선생님이 강조한 내용을 다시 확인해서 찾아보는 것도 중요하다. 학교 학습에서 높은 성취를 위해서는 학습 결과를 평가하는 문제에 알맞은 답을 기억하고 답하는 것이 중요하다. 즉, 내가 중요하게 생각하는 것보다는 교과서의 저자나 수업을 진행한 선생님이 무엇을 강조하였는가를 잊지 말아야 한다.

셋째, 시험의 유형을 고려하지 않는다. 이러한 유형의 학생들은 무턱대고 오랜 시간 많은 양을 공부한다. 시험 문제가 객관식이냐 논술식이냐에 따라서 시험 공부를 하는 방법이 다르다. 객관식의 경우는 특정한 날짜, 인물, 사건 등에 대한 세세한 내용을 제대로 암기하는 것이 필요하지만 논술식 시험은 내용을 분석하거나 비교하거나 문제를 해결하는 것이 과제로 주어진다. 그러므

로 교과서의 소제목이나 선생님이 강조한 부분에 대해서 스스로 질문들을 만들어 보고 답안을 작성해 보는 것도 도움이 된다.

[똑똑한 시험 공부 방법]

- 학습이 제대로 이루어졌는지 스스로 질문하며 확인하기
- 무턱대고 외우는 것이 아니라 의미 있는 내용으로 조직화하면서 외우기
- 객관식, 주관식 시험이냐에 따라 다르게 준비하기
- 반복 학습하기
- 한 번에 몰아서가 아니라 분량을 쪼개서 학습하기
- 문제집을 풀면서 다양한 문제 유형 익히기
- 학습카드 만들기

그렇다면 시험을 잘 보기 위해서는 무엇을 해야 할까? 첫째, 반복 학습을 한다. 망각곡선p. 136 참조에서 알 수 있듯이 망각을 줄이기 위한 최선책은 역시 반복적인 복습이다. 둘째, 암기과목은 분산 학습을 통해서 자주, 반복적으로 외운다. 하루에 몰아서 한 과목을 암기하고 끝내기보다는 여러 과목을 나누어서 하루에 조금씩 계속 반복하여 학습하는 분산 학습이 망각을 줄여 준다. 셋째, 교과서를 반복해서 본 후에는 다양한 문제 유형을 접해 보기 위해 문제집을 꼭 풀도록 한다. 교과서만 보고도 시험을 잘 봤다는 학생들이 있기도 하지만 학습의 결과를 스스로 평가해 보는 방법으로 문제집 풀이만큼 좋은 것도 없다. 스스로 문제를 풀고 평가

해 보는 과정을 통하여 자신이 제대로 학습한 것은 무엇인지, 또한 잘 이해하지 못한 것은 무엇인지를 파악하는 것은 매우 큰 도움이 된다. 넷째, 예상 문제나 핵심 내용을 요약한 학습카드를 만들어 본다. 스스로 문제를 만들어 보는 것만큼 시험에 잘 대비할 수 있는 방법은 없다. 문제를 만들다 보면 무엇이 중요한지 파악할 수 있고 저절로 학습이 되기 때문이다. 또 마지막 순간에 암기한 내용을 재확인하고 기억에서 해당 정보를 인출하는 데 도움이 되는 학습카드는 시험 직전에 매우 유용하게 쓰일 수 있다.

{ 공부 환경 조성 }

혼자 시도해 볼 기회를 주세요

학습에서의 성취는 특정 과목 시험에서 100점을 받을 때가 아니라 혼자서 주어진 과제를 완수하기 위해 지속적으로 노력할 때 경험할 수 있다. 학교에서 수업을 듣고, 여러 군데 교과 학원을 다니고, 개인 과외 수업을 받고, 부모와 함께 숙제를 하는 동안 아동은 주어진 과제를 혼자서 씨름해 볼 기회가 없다. 항상 누군가의 지시나 도움이 있어야만 문제를 해결할 수 있다고 생각하게 되어 버려서 혼자 무엇인가를 배우고 해결하려는 시도조차 하기 두려워한다. 자녀의 진정한 학습을 위해서는 먼저 혼자 해 볼 수 있는 환경과 기회를 제공해야 한다. 과제를 시작하면서부터 부모가 함께 앉아 있을 필요는 없다. 물론 저학년 아동은 학습 과정에서 자주 도움을 요청하기도 하므로 자녀가 과제나 공부를 할 때 부모가 가까이 앉아 있는 것이 편할 때도 있다. 그러나 아동이 스스로 문제를 가지고 자신의 방법대로 해결하려고 고심하고 적용해 보는 기회를 제공하도록 하고, 도움이 필요한 경우에만 도움을 준다. 혼자서 열심히 애쓴 자녀가 학습 과제에 성공했을 때는 자녀가 보인 지속적인 노력과 문제해결을 위해 사용한 학습 전략이나 방법을 구체적으로 칭찬해야 한다. 그러나 자녀가 특별한 노력 없이 쉽게 성취한 경우에는 칭찬을 할 필요가 없다. 학습 과제에 실패한 경우에는 자녀가 그 과제를 해결하기 위해 얼마나 애를 썼는지를 알아 주고, 중간에 포기하고 싶었지만 끝까지 과제를 해결하려고 노력했던 점을 인정해 준다. 그리고 자녀가 사용한 학습 전략이나 방법을 확인하고 보다 효과적인 방법을 제시한다. 우리가 기억해야 할 것은 학습 과제에서의 성공이나 실패 그 자체가 중요한 게 아니라 자녀가 지속적으로 학습에 흥미를 가지고 자신의 에너지와 노력을 기울이도록 동기를 부여하는 것이 핵심이라는 점이다.

🐤 3학년 성미 엄마는 일하는 한부모_{싱글맘}다. 성미 엄마의 가장 큰 고민은 매일 저녁 시간에 성미에게 학교 숙제와 학습지를 시키느라 기운이 빠지고 엄마 자신의 휴식 시간이 하나도 없다는 것이다. 아침부터 종종거리며 성미를 챙겨 학교에 보내고 자신도 출근해서 낮 동안 직장일로 시달리다가, 퇴근하자마자 학원에서 돌아오는 성미의 저녁을 챙겨주고 빨래며 청소 등 가사일을 하면서 동시에 성미의 숙제나 공부를 봐 줘야 하니 잠시라도 엉덩이를 붙이고 차 한 잔 마실 여유가 없다. 게다가 직장에서의 진급을 위해 시험 공부도 해야 하니 스트레스가 많아서 작은 자극에도 쉽게 화가 난다. 성미에게도 짜증이 많이 나고 가끔은 너무 참기가 힘들어 자기도 모르게 목소리가 높아지고 아이에게 손이 올라가

기도 한다. 성미 엄마에게 왜 성미의 숙제나 학습지를 같이 앉아서 해야 하는지 물었더니 "혼자 두면 안 하거든요. 애 혼자 해서 가지고 온 것을 보면 다 틀렸더라고요. 또 설명하느니 처음부터 같이 하는 게 낫죠."라고 한다. 성미 엄마와의 대화를 통해 성미가 모든 문제를 전부 다 틀리는 것은 아니며, 엄마가 문제 풀이 과정을 일일이 보고 있지 않으면 아이가 중간에 어디서 틀리는지 알 수가 없어서 자꾸 보게 되고, 과정 중에 틀린다 싶으면 바로 개입하게 된다는 것을 확인했다. 그러니까 성미는 자신이 혼자 힘으로 풀 수 있는 문제도 있는데, 그리고 가끔 맞기도 하고 틀리기도 하는데 그 모든 과정에 엄마가 결정하고 개입하는 것에 익숙해져서 자기 스스로 혼자서 숙제도 학습지도 못 푼다고 생각하게 되어 더욱더 엄마에게 의존하게 되었다. 엄마도, 성미도 성미가 스스로 과제를 이해하고 문제해결을 할 수 있는 능력이 있다는 사실을 발견할 기회가 없었던 것이다. 성미는 자신이 왜 틀렸는지, 어떻게 문제에 접근할 때 정답을 얻었는지 스스로 평가하고 수정할 기회를 박탈당한 것이다.

앞에서 살펴본 경환이pp. 101~104 참조의 경우를 비롯하여 많은 아동이 놀이치료 장면에서 경험하는 것은 '게임을 하다 보면 이길 때도 있고 질 때도 있다.'는 것과 '이기는 것이 기분 좋지만 져도 괜찮다.'는 사실이다. 이것보다 더욱 중요하고 의미 있는 것은 게임에서 이기든 지든 자신이 어떤 과정을 거쳐 그런 결과를 얻게 되었는지를 안전한 환경에서 상담사와의 대화를 통해 발견한다는 점일 것이다. 자신에게 승리를 가져다 준 전략이 확인되면 다음 번에도 그 전략을 더 많이 사용하게 되며, 자신을 패배하게 한 전략을 명확하게 깨닫는다면 다음번에는 다른 대안을 시도하게 된다. 그 과정에서 상담사는 자연스럽게 보다 효과적인 전략을 말이나 행동으로 제시하거나 아동이 스스로 발견할 수 있도록 유도하게 된다. 이것은 학습부진 아동의 학습 과정에서도 동일하게 적용될 수 있다. 정답을 찾아내고 문제를 해결하는 것도 중요하지만, 그 과정에서 내가 무엇을 어떻게 했는가를 아동 스스로가 발견하고, 자신의 전략을 조절하는 것이 더 중요하다. 아동이 배워야 할 것은 결과만 중요한 것이 아니라 과정이 즐겁고 의미가 있다는 사실이다.

🦢 1학년 진우는 받아쓰기가 어렵다고 하면서 '갔다'와 '같다'를 항상 틀린다고 불평했다. "두 개가 소리가 똑같은데 어떻게 구분해요?" 진우 엄마는 그 쉬운 것을 왜 매번 틀리는지 아이에게 답답함을 느꼈지만, 진우 스스로가 차이점을 발견할 수 있도록 기다리며 도움을 주었다. 엄마는 진우와 함께 걸으면서 '왔다갔다 왔다갔다'라고 중얼거려 보기도 하고, 사탕을 두 개씩 놓고 '이것과 이것은 같다.'라고 하면서 갔다와 같다

를 진우와 함께 써 보기도 하고, 글자를 종이로 오려서 붙여 보기도 하는 등 진우가 '갔다'와 '같다'를 다양하게 경험하도록 하였다. 어느 날 진우가 엄마에게 달려와 의기양양한 목소리로 말했다. "엄마, 나 이제 '갔다'와 '같다' 구분할 수 있어요. '갔다'는 쌍시옷 받침이 사람들이 걸어갈 때 다리 모양 같으니까 왔다, 갔다 움직일 때 쓰는 거고요, '같다'의 티읕 받침은 1+1=2 할 때의 = 표시랑 같으니까 두 개가 똑같을 때 쓰는 거에요. 이제는 받아쓰기할 때 안 틀릴 수 있어요. 선생님이 불러 주시는 내용이 어디로 움직여서 가는 거면 '갔다'라고 쓰고요, 이것과 저것이 똑같다, 그런 내용이면 '같다'라고 쓰면 된다고요!" 진우에게 '갔다'와 '같다'의 차이를 스스로 발견한 일은 아르키메데스가 목욕탕 물이 넘치는 것을 보고 물질의 밀도를 깨달은 것과 마찬가지로 큰 깨달음인 것이다. 유레카! 🐛

공부 장소의 물리적 환경을 바꿔 주세요

자녀가 주로 공부하는 장소는 어디인가? 자녀가 과제를 들고 거실 탁자나 식탁에 앉아서 모든 가족이 오고가는 것을 보고 대화하는 것을 듣거나 참견하는가? 눈만 조금 돌리면 만화책, 레고 블록, 컴퓨터나 게임기가 유혹하는 자기 방 책상에서 과제를 펼쳐 놓은 채 이것저것 놀다가 숙제를 하다가 하면서 시간을 보내는가? 자녀의 학습을 위해 새롭게 방을 마련할 필요는 없지만 아동이 주의가 분산되지 않고 과제에 집중을 유지할 수 있도록 조용하고 쾌적한 환경을 제공하는 것이 좋다.

자녀의 방에 놀이와 공부 공간의 구분이 없다면 책장이나 커튼 등을 이용해서 용도에 따른 공간을 구분해 주는 것이 좋다. 자녀에게 따로 공부 공간을 마련해 줄 수 없는 경우라면 자녀의 공부 시간 동안 가족 전체가 공부 분위기를 조성하는 것이 도움이 된다. 예를 들어, 저녁 식사 전에 학교 숙제를 마무리하기로 했다면 아동은 정해진 시간에 정해진 장소에서 조용히 과제에 집중하도록 하고, 다른 가족들도 그 시간에는 텔레비전이나 시끄러운 전화 통화, 핸드폰 게임 등을 하지 않도록 하여 아동이 쉽게 다른 활동에 유혹받거나 집중을 방해받지 않도록 한다. 자녀에게는 수학 문제를 풀라고 시키고는 엄마나 아빠가 곁에 앉아 핸드폰으로 게임

을 하거나 텔레비전 프로그램을 보며 웃고 떠든다면 어떻겠는가?

🐦 6학년 영주는 엄마가 오실 때까지 초등학교 1학년 남동생을 챙겨야 한다. 학원에서 돌아오는 7시 반부터 부모님이 오시는 9시 반까지 동생과 저녁을 챙겨 먹고 학교 숙제와 학원 숙제도 해야 한다. 그런데 영주는 항상 저녁마다 엄마에게 혼이 나서 기분이 나쁘다. 엄마는 언제나 왜 숙제를 안 했냐, 왜 문제집을 안 풀었냐, 시험 준비했냐 묻고는 영주가 못하고 안 한 것에 대해서만 화를 내고 혼낸다. 영주 입장에서는 저녁 시간에 동생을 챙기느라 자기 숙제를 하기가 어렵다고 느끼지만 엄마는 이해를 못한다. 엄마한테 혼나고 싶지 않으니 숙제를 하고 학습지를 풀기는 하지만, 대부분 페이지만 넘기고 빈칸을 채우는 것일 뿐 영주 자신이 무엇을 정확히 이해했고 무엇을 모르는지는 잘 모르고 지나간다. 틀린 문제는 해답지를 보고 고치지만 어느 부분에서 왜 틀렸는지는 잘 모르겠다. 하지만 6학년씩이나 되었는데 혼자 그것도 알아서 못하냐며 혼이 날 게 뻔하니까 영주는 부모님에게 도움을 청할 수도 없다. 단원 평가에서 낮은 점수를 받아 오면 엄마는 "네가 공부를 안 하니까 그렇지!"라며 화를 내지만 영주는 숙제도 하고 학습지도 풀었는데 왜 공부를 안 했다고 하는지 억울하고, 자신이 공부를 했는데도 왜 성적이 낮은지 우울하기만 하다. 🐦

현재 영주의 학습에서 가장 중요한 것은 자기만의 공부 시간을 확보하는 것과 학습이 이루어지는 과정을 검토하고 확인해 줄 성인 조력자의 도움이다. 귀가 후 집에서의 저녁 시간은 현실적으로 부모님을 대신하여 어린 동생을 돌보는 데 사용되므로 영주가 혼자 숙제나 공부에 집중할 수 있는 시간은 학교를 마치고 학원에 가기 전 시간이나 부모님이 귀가하는 9시 30분 이후가 된다. 영주의 부모님이 할 일은 영주와 대화를 통해 영주가 동생의 방해를 받지 않고 사용할 수 있는 시간이 언제인지 확인하고 그 시간에 어디에서 어느 정도의 학습 과제를 할 수 있는지를 계획하는 것이다. 이때 중요한 것은 실제 사용할 수 있는 시간과 그 시간에 가능한 학습량을 부모의 욕심이 아니라 아동이 부담스럽게 느끼지 않으면서 꾸준히 할 수 있는 양으로 정하는 것이다. 9시 30분 이후에 영주가 공부나 숙제를 하기로 계획했다면 이때는 동생의 방해를 받지 않을 수 있도록 부모님이 동생과 놀아 주거나, 잠을 재우는 것이 중요하다. 동생을 돌보면서 공부도 하라는 것은 불가능한 일이다. 아동이 자신의 학습 과제에 집중할 수 있는 시간과 공간을 확보하는 것은 매우 중요하다. 어린 학습자가 자기주도적인 학습자가 되어 가는 과정에서는 적절한 도움이 필요하다. 특히 환경적인 측면의 문제로 쉽게 방해받고 주의가 흩어지는 아동이라면 환경을 조정해 줄 성인의 도움이 필수적이다.

학습부진의 어려움을 겪는 아동은 도움 요청 행동을 하지 않는 특징이 있다. 문제를 풀다가 모르는 것이 있거나 책을 읽다가 이해가 안 되는 부분이 있으면 그것을 해결하기 위해서 누군가에게 물어보는 대신 그냥 넘어가는 경우가 많다. 특히 아동이 자신의 능력이나 지능은 고정되어 있다고 믿는 경우, 도움을 요청하는 것은 다른 사람에게 자신의 무능력, 약점을 드러내는 것과 같기 때문에 아동은 질문하지 않고 모르는 채로 지나가는 것을 선택한다. 이런 순간이 쌓여서 학습의 손실분이 누적되는 것이다.

아동이 질문하지 않는 경우, 부모를 비롯한 성인 조력자가 질문을 통해 아동에게 오늘 또는 방금 전에 무엇을 학습했는지, 어디에서 어려움을 겪었는지, 어려움을 해결하기 위해 어떤 시도를

했는지, 결과는 어땠는지, 문제를 해결하기 위한 다른 대안은 없는지, 도움이 필요하다면 누구에게 부탁하면 좋을지 등을 질문하며 대화를 시도하는 것이 좋다. 아동은 자신이 '아는 것'과 '배우는 것'이 당장 10점을 더 받는 것보다 중요하고 의미 있는 일이며, 그 과정에는 다양한 방법이 있을 수 있고, 자신이 덜 효율적인 방식으로 문제해결을 시도했다면 보다 효율적인 방법은 무엇인지를 찾는 과정을 배우게 될 것이다.

학습부진의 어려움을 겪는 아동은 반복적으로 '실패'를 학습해 왔기 때문에 부모와 같은 성인 조력자는 긍정적인 태도를 통해 아동에게 이전과는 다른 메시지를 전달하는 것이 필요하다. 만약 과거의 메시지가 아동의 성공이나 실패 여부에 초점을 두고 실패의 원인을 아동의 능력이나 실력에 귀인했다면, 이제부터는 아동이 학습을 위해 사용한 전략이 무엇인지에 관심을 두고, 보다 효율적인 학습 전략은 새롭게 배우고 사용할 수 있다는 메시지를 전달하도록 한다. 또한 필요한 경우에 적절한 도움을 요청하는 것은 자신의 약점을 드러내는 것이 아니라 오히려 자신의 능력의 한계를 인식하고 그 제한을 뛰어넘기 위한 중요한 방법임을 알려주는 것도 필요하다. "네가 노력한다면 너의 능력은 향상될 수 있고, 필요할 때는 언제든 도움을 요청할 수 있어. 엄마, 아빠또는 선생님는 네가 효과적인 학습 전략을 선택하고 사용하는 것을 기꺼이 도울 거란다." 자녀의 학습이 중요한가 아니면 부모-자녀 관계가 중요한가? 자녀에게 전달하는 메시지에 학교 성적이나 학습 능력이 아니라 자녀 자체를 사랑하고 소중히 여긴다는 사실과 더불어 자녀의 성장과 발달을 지지하고 있다는 부모의 진심이 포함되어 있는지 점검해 보아야 한다.

감정 조절을 위한 롤모델이 되어 주세요

학습 문제를 가진 아동·청소년은 학교 학습 장면에서 반복적으로 실패와 좌절을 경험하면서 자아존중감이 낮아지고 우울감을 느끼기 쉽다. 학교는 점차 재미없고 불안한 곳이 되고, 자신의 스스로 부족하다고 또는 없다고 느끼고 확신하는 능력을 내보이지 않기 위한 전략들을 사용해야 하는 부자연스러운 공간이 되어 간다. 수업 시간에는 문제 풀이를 시킬지 모를 선생님의 눈에 띄지 않기 위해, 때로는 자신이 모른다는 사실이 드러나지 않도록 "난 공부 안 해. 그딴 거 관심 없어."의 무관심한 태도를 고수하며 실제 학습 기회에서 스스로 물러난다. 심한 경우에는 학교에서의 또래 관계에서 벗어나서 스스로를 고립시키기도 한다. 저조한 학업 수행으로 놀림을 당하거나 지적받는 상황이 반복되면 자존심이 상하고 심하게 화가 나서 자기를 무시한 친구들에게 공격적인 행동을 보이기도 한다. 문제 행동이 반복되면, 이제 학습 문제뿐 아니라 행동 문제 때문에 학교에서 더 지적을 받고 자유로운 행동을 제한받게 되므로 아동·청소년은 학교를 더욱 끔찍스럽게 느끼게 되고 학교에 가는 것을 싫어하게 된다. 아동·청소년은 하루 중 3분의 1 이상의 시간을 학교에서 보내는데, 학교에서의 주요 활동은 교과학습으로 이루어져 있으므로 교과학습에서의 저조한 수행은 자존감과 정서에 크게 영향을 미친다.

그렇다면 부모는 자녀가 학습과 관련해서 느끼는 부정적인 감정에 대해 어떻게 도움을 줄 수 있을까? 우선 자녀가 자신의 감정을 직접 들여다보고 자신이 느끼는 감정을 언어적으로 표현할 수 있도록 돕는 것이 중요하다. 우리가 어떤 일로 매우 심하게 화가 났다고 생각해 보자. 자신이 화난 것에 대해 아무런 표현을 하지 않고 참고만 있을 때 그 화가 마음속에 쌓이고 쌓여서 어느 순간 폭발하는 것을 경험한 적이 있을 것이다. 화가 폭발할 때는 자신이 의도하지 않았던 말을 상대에게 퍼붓게 되거나 난폭한 행동을 하는 등 화가 나를 삼켜 버린 것 같이 느껴질 때가 있다. 이것을 뇌의 구조적 차원에서 생각해 보자. 우리의 뇌는 우뇌right brain와 좌뇌left brain로 나뉘어 있는데 이것은 둘 사이의 다리인 뇌량으로 연결되어 있다. 우뇌는 우리의 신체나 뇌의 다른 부분들이 보내는 정보를 통해서 소위 말하는 큰 감정, 즉 행복함, 용감함, 두려움, 슬픔 그리고 화나 분노를 경험한다. 이에 반해 좌뇌는 우리가 느끼는 감정들에 대해 왜 그렇게 느끼는지 설명하고 말로 표현할 수 있도록 한다. 자녀의 부정적 감정들을 다루기 위해 부모로서 해야 할 역할은 자녀가 자신이 경험하는 감정을 모호하게 억압하는 대신에 정확히 느끼고 적절한 어휘를 사용해서 말로 표현할 수 있도록 대화하는 것이다. 즉, 자녀의 우뇌를 좌뇌와 연결시켜 통합함으로써 현재 상황에 대한 해결책과 적응성을 높이도록 하는 것이다.

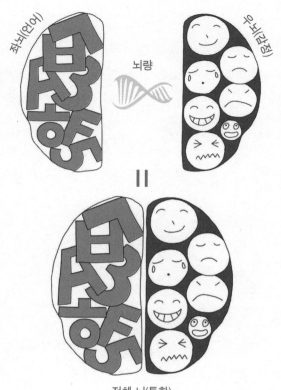

좌뇌(언어)

우뇌(감정)

뇌량

=

전체 뇌(통합)

 이번에는 뇌의 구조를 상하로 나누어 생각해 보자. 척수와 변연계를 포함하는 아래층 뇌는 본능적이고 기본적인 욕구, 그리고 분노나 두려움 같은 강한 감정과 관련이 있다. 대뇌피질을 포함하는 위층 뇌는 상상을 하거나 생각을 하고 계획을 세우고 공감을 하는 등의 일을 담당한다Siegel & Bryson, 2015.

우리는 위층 뇌와 아래층 뇌가 잘 연결되어 있을 때 뇌가 제대로 기능할 수 있으리란 것을 쉽게 추론해 볼 수 있다. 즉, 위·아래층을 자유롭게 오갈 수 있는 '계단'이 있다면 위층 뇌는 아래층 뇌의 감정이나 신체적 반응을 모니터하면서 조절하여 보다 적절한 행동을 취하도록 할 수 있다.

아래층 뇌	위층 뇌
• 도망가기/싸우기/얼어붙기 반응 • 자동적 기능(호흡, 눈 깜박임, 본능 등) • 감각적 기억 • 강한 정서(두려움, 분노, 흥분 등) • 생각하기 전에 행동 먼저	• 건강한 의사 결정과 계획하기 • 정서와 신체의 균형 • 자기이해와 반성 • 공감 • 도덕성

이렇게 아래층과 위층 뇌가 통합될 때, 우리는 행동하기 전에 잠시 멈춰서 생각하는 시간을 가질 수 있고, 다른 사람의 감정을 고려할 수 있으며, 도덕적이고 윤리적인 판단을 할 수 있게 되는 등 보다 복잡한 과제를 처리할 수 있게 된다. 그러나 위층 뇌는 20대 중반에 이르러야 발달이 완료되기 때문에 어린 아동이나 청소년에게 항상 아래층 뇌와 위층 뇌가 조화롭게 기능하는 것을 기대하기는 어렵다. 다시 말해서 아동이나 청소년이 성인이 하는 것처럼 자신의 신체나 감정, 행동을 스스로 조절하고 통제하는

것은 어렵다는 뜻이다. 그렇다면 부모인 우리는 자녀가 아래층 뇌와 위층 뇌를 통합하는 과정을 돕기 위해, 즉 위·아래층 뇌 사이에 계단을 만들기 위해 무엇을 할 수 있을까? 부모 스스로가 먼저 자신의 뇌를 통합적으로 연결하여 기능하는 것을 연습하고 자녀에게 모델이 되어 주는 것이 필요하다.

다음의 상황을 상상해 보자. 아들에게 핸드폰 게임 좀 그만하고 숙제를 하라고 하자 아들이 화를 내며 문을 쾅 닫고 방으로 들어간다. 바쁜 아침 시간에 깨워야만 겨우 일어나는 딸아이가 느릿느릿 등교 준비를 게을리 한다. 자녀가 시험 기간에 공부는 하지 않으면서 주말에 친구 생일파티에 가야 한다고 말한다. 일반적으로 부모들은 자녀에게 어떤 반응을 할까? 부모는 자신이 부정적인 감정을 어떻게 다루는지를 살펴보고 보다 효과적인 접근을 연습하는 것이 필요하다.

[함께하기]

| 자녀와의 관계에서 당신이 가장 해결하기 어려운, 반복적인 문제 상황을 적어 보라. | ○○와의 관계에서 내가 어렵게 느끼는 상황은
1.
2.
3. |

앞에서 적은 상황 중 하나를 선택하여 그때 자녀가 보이는 행동을 적어 보라.	그때 ○○의 행동은 1. 2. 3.
당신이 느끼는 감정을 적어 보라.	○○가 _____행동을 하는 상황에서 나의 감정은 1. 2. 3.
자녀의 행동/반응에 대해 당신이 어떻게 생각하고 판단하는지 적어 보라.	그때 내가 ○○의 행동이나 반응에 대해 속으로 하는 혼잣말(self-talk) 또는 생각은(가능한 한 정확하게 기록할 것) 예) 또 시작이네. 쟤는 항상 저래. 버르장머리가 없어…… 1. 2. 3.
당신이 주로 보이는 반응/행동은 어떠한가?	그런 생각이 들 때 나의 행동은 1. 2. 3.
당신이 전형적으로 보이는 반응/행동이 얼마나 효과적인지 평가하라.	나의 반응으로 인해 내가 경험하는 것은 예) 나 자신과 ○○의 감정이 진정되고 여전히 ○○와 연결되어 있음을 느낀다. 나 또는 ○○의 화가 여전히 치솟고 연결이 끊어진 것 같다고 느낀다. 1. 2. 3.

| 갈등 상황에서 자녀의 반응/행동을 보다 긍정적으로 다루기 위해 당신이 변화시킬 수 있는 자신의 행동은 무엇인가? | ○○와의 갈등을 줄이고 ○○의 행동을 보다 긍정적으로 다루기 위해서 나는
예) 소리를 지르지 않는다. 내가 느끼는 감정을 먼저 조절하도록 한다. 내가 모든 문제를 해결할 수 없다는 사실을 받아들이고 인정한다. 아이와 갈등이 있을 때 아이가 부정적인 감정을 느끼는 것을 수용한다. 아이의 상태(피곤한지, 배고픈지, 화가 났는지, 불안한지)를 먼저 살핀다 등
1.
2.
3. |
| 당신이 이러한 변화를 이룰 수 있기 위해서 어떤 도움이 필요할까? | ○○와의 관계에서 새로운 행동을 시도하기 위해서 내가 필요로 하는 것은
예) 내가 받는 스트레스에 대해 이야기를 할 사람, 충분한 수면, 혼자 있는 시간, 내 성격/자신에 대한 이해를 도울 수 있는 상담 등
1.
2.
3. |

　이러한 연습을 통해서 자녀와의 관계에서 당신의 아래층 뇌가 작동할 때 어떻게 위층 뇌를 연결하여 활용할 수 있는지를 경험할 수 있다. 그리고 이 같은 경험은 자녀가 부정적인 감정을 느끼는 상황에서 공감적·지지적인 대화를 통해서 자녀 역시 우뇌와 좌뇌를, 아래층 뇌와 위층 뇌를 연결시키도록 격려할 수 있다.

　학습부진 문제를 가진 아동·청소년이 학습 장면에서 우울감, 불안, 수치심, 지루함 등을 느낄 때 자신의 감정을 언어로 표현할 수 있도록 대화를 시도하는 것이 도움이 된다. 그러한 감정이 느껴질 때 스스로에게 하는 내적인 역기능적 자기암시self-talk가 무엇인지 살펴보고 보다 효과적이고 긍정적인 내적 언어로 바꾸는 것이 필요하다. 그러기 위해서는 성인 조력자인 부모가 먼저 자신의 행동을 통해서 자녀에게 부정적인 감정을 어떻게 효율적으로 다루고 자신의 성취에 도움이 되지 않는 역기능적인 자기암시를 변화시킬 수 있는지 모델이 되어 보여 주는 것이 효과적이다. 부모인 내가 혹시 실패나 실수를 '세상이 무너지는 것 같은 비극'이라고 여기는 것은 아닌가? 실패나 실수를 한 사람은 더 이상 해결

책이 없는 패배자라고 생각하고 있지는 않은가? 무능력함이나 부
족함을 내보이는 것은 수치라고 생각하지는 않는가? 실패 상황에
익숙해진 자녀에게 필요한 것은 "실패나 실수는 패배가 아니라
네가 어떤 것을 조금 더 학습해야 하는지, 무엇을 보완하면 더 나
아질 수 있는지를 알려 주는 기회다."라는 내적, 외적인 메시지이
며 실패에도 불구하고 지속적인 노력을 추구할 수 있는 자기암시
를 하는 것이다.

자녀의 성장·발달에 따라 변화하는 신체적·심리적 필요에 따라서 부모의 양육 태도를 바꾸는 것은 중요하다. 그러나 부모가 가진 교육관이나 삶의 철학, 가치관은 자녀에게 일관되게 전달할 필요가 있다. 부모들이 공부나 학습을 무엇이라고 생각하는지, 실패를 무엇이라고 인식하는지는 언어적·비언어적 방법으로 자녀에게 전달된다. 자녀는 "내가 새로운 것을 배우고 알게 되고 기술/기능이 습득되는 것 자체가 보상"이라고 느낄 수 있다면 부모의 간섭이 없더라도 지속적으로 도전하고 노력하며 무엇인가를 배워 가는 아이로 성장할 것이다. 자녀에게 일관된 메시지, 즉 "너는 새로운 것을 알고 배우는 것이 가치 있는 일이라고 느끼는구나." "네가 계속해서 노력을 하는구나. 어렵고 따분하고 지루하고 하기 싫은 순간도 있지만 그래도 계속 노력을 하는구나."라는 메시지를 전할 필요가 있다.

[함께하기]

상황	내가 주로 하는 반응은	어떻게 바꾸고 싶은가
○○가 국어와 수학 단원평가에서 각각 75점과 90점을 받아 왔다.		
○○는 이번 주 영어학원 숙제가 너무 많아서 못하겠다면서 핸드폰만 붙잡고 있다.		
미술 숙제로 금연 포스터를 그리고 있던 ○○가 자기가 못하겠으니 엄마가 그려 달라며 도움을 요청한다.		
중학생 ○○는 이번 기말고사에서 평균 90점은 넘어야 하는데 그럴 자신이 없다면서 눈물을 글썽인다.		
○○는 방학 숙제인 독서록 10개를 다 하면 엄마가 뭘 사 줄 거냐고 묻는다.		

Part 3

엄마, 아빠,
배움은 재미있어요

아이가 스스로 '배우고 싶다, 공부하고 싶다'는 마음을 가지게 하려면?

미취학 아동을 위한 활동

학령기 아동을 위한 활동

아이가 스스로 '배우고 싶다, 공부하고 싶다'는 마음을 가지게 하려면?

사람은 기본적으로 배움을 좋아한다. 알고 싶어 하는 마음도 욕구의 일종이다. 귀족들이 여가로 즐겼던 것이 공부일 만큼 공부는 사람의 마음을 충족시켜 줄 수 있는 중요한 매개다. 그런데 우리 자녀들은 이런 공부가 지겹도록 싫다고 말한다. 나이를 먹고 삶을 뒤돌아 볼 때야 '젊은 시절, 그때 좀 더 공부할 걸.' 하고 후회를 한다. 안타까운 일이다. 배움이란 그 자체가 즐거움이란 것을 자녀들이 알 수만 있다면 닦달하지 않아도 자연스럽게 배움을 향해 간다. 자신의 욕구와 본능을 따라갈 수 있게 하면 되는 것이다. 그리고 왜 공부해야 하는지 목표를 갖는다. 목표를 가진 후에는 각 단계별로 스스로 충족감을 느끼는 경험을 해야 한다. 이런 과정을 통해 자녀들은 배움의 과정이 얼마나 즐겁고 성취감을 주는 것인지 경험할 수 있다. 여기서 부모가 알아야 하는 것은 바로 부모가 자녀들의 마음을 얻을 수 있어야 아이들이 스스로 공부할 수 있게 된다는 사실이다. 그렇다면 마음을 얻는다는 것은 무엇을 의미하는가? 다음과 같이 정리해 볼 수 있다.

1. 부모와 자녀가 안정된 애착을 형성한다.
2. 상호작용과 의사소통을 통해 정서적인 연결감을 경험한다.
3. 정서적인 의사소통을 하게 될 때 자녀들은 부모로부터 친밀감과 애정을 느낀다.
4. 그리고 1, 2, 3의 과정은 '놀이'를 통해 가장 잘 얻을 수 있다.

　부모가 자녀의 마음을 얻게 되면 자녀에게 목표의식이나 동기가 생기는 과정도 함께 볼 수 있는데, 특히 부모와 선생님, 또래 친구, 간접 경험을 통해 목표의식이나 동기가 생긴다. 즉, 모델링을 할 수 있게 된다.

　부모는 자녀가 '공부가 즐겁다.'는 것을 경험할 수 있게끔 어떻게 놀아줄 수 있을까?

1. 먼저 영유아기 때부터 최대한 자녀와 접촉하고 놀아 준다.
2. 놀면서 분위기를 만들고 대화를 많이 한다.
　　- 대화의 주도는 부모가 하는 것이 아니다. 부모는 질문을 하고 듣는다.
　　　그리고 맞장구치는 역할을 한다.
3. 세상에 대한 다양한 경험의 기회를 만들어 준다.
　　- 봉사, 여행, 각종 전시회나 박물관 활동 참여, 문화 체험, 예술 활동 등
4. 틈나는 대로 칭찬과 격려를 한다.
　　- 앞의 활동들을 함께하면서 매 순간마다 아이의 칭찬거리를 찾도록 노력

한다. 칭찬은 고래도 춤추게 한다.

5. 사랑과 감사를 표현한다.
  – 사람은 서로 말하지 않아도 진심이 통하는 면이 있기는 하지만 이것을
    직접 표현하지 않으면 아이들은 부모의 사랑을 알지 못한다. 아이에게
    도 늘 편지나 문자, 쪽지, 이메일을 통해서 사랑과 감사의 마음을 표현
    한다. 사랑은 부메랑 같아서 주는 대로 다시 돌아온다.

이제부터 소개하는 놀이들은 앞의 다섯 가지를 실천할 수 있는
매개로 활용된다. 대화를 하고 관계를 맺고 칭찬을 하거나 사랑
을 표현하면서 아이들에게 가까이 다가가기 위해서 놀이의 도움
을 받을 수 있다. 다가서면 다가설수록 아이들은 자연스럽게 목
표의식과 동기를 갖게 된다. 자녀의 발달 연령에 따라 놀이를 구
분하였으나 자녀가 학령기에 속한다 하더라도 부모로서 자녀의
어린 시절 많이 놀아 주지 못했다고 판단되면 미취학 아동을 위
한 활동부터 시도할 수 있다. 자녀와 좀 더 쉬운 활동을 함께 하
면 자녀를 칭찬할 거리를 더 많이 발견할 수 있다.

미취학 아동을 위한 활동

{ 온몸으로 배워요 }

듣기 연습

태아에게 가장 먼저 발달하는 감각은 청각이다. 태아에게 좋은 책을 읽어 주거나 아름다운 음악이나 부모의 목소리를 들려주는 이유가 여기에 있다. 청각기관이 발달했다는 것은 그만큼 아이가 새로운 세상 속에서 학습할 수 있는 자원이 잘 갖추어져 있음을 의미하며, 실제로 청각이 잘 발달한 사람이 집중력과 학습 능력이 뛰어나다고 알려져 있다. 듣기 연습은 이런 청각 능력을 더 발달시키기 위한 활동이다. 우선 다양한 동요나 유행하는 가요 혹은 아이가 좋아하는 노래들의 리스트를 선별하여 눈을 감고 듣게 한다. 그런 후 노래의 첫 멜로디만 듣고 제목을 맞춰 보거나 느낌이나 기억에 남는 부분을 서로 이야기한다. 혹은 들은 음악을 그림으로 표현하도록 하는 것도 좋다. 청각은 학습의 기본이다. 청각과 관찰력의 발달은 학습에 유리하다. 주의집중력 발달을 위해 눈 감고 박수를 친 후 몇 번 쳤는지 맞춰 보게 할 수도 있다. 이때 놀이 과정에서 자녀를 위한 칭찬은 필수라는 점을 잊어서는 안 된다.

아이들은 신나는 음악을 들으면 누가 시키지 않아도 혼자 박수를 치며 몸을 흔든다. 그만큼 리듬을 타고 장단을 맞추는 것은 인간의 자연스러운 행동이다. 박수를 치는 것은 건강에도 좋은 영향을 미치는데, 손바닥을 마주쳐서 소리를 내고 자극을 주는 것은 발달을 촉진한다. 쉬운 동요나 비트감 있는 대중 노래를 부모와 함께 들으며 박수를 쳐 보는 활동은 리듬감을 키워 준다. 이때 박수를 크게 또는 작게 번갈아 치며 강약을 조절할 줄 아는 능력을 배우는 것은 중요하다. 부모가 어린 시절 쳤던 '3 · 3 · 7 박수'나 '물개 박수' '헐렁이 박수' '손가락 끝 박수' '손등 박수' '주먹 박수' 등을 다양하게 바꿔 가며 해 본다. 놀이를 통해 사람은 누구보다 창의적이고 자발적이 된다.

리듬

    초등학교에 들어가면 처음에는 주로 리듬악기를 배운다. 리듬은 박자감뿐 아니라 자신의 신체 감각을 느낄 수 있고 신체 안의 리듬도 촉진하기 때문에 가능하면 리듬악기를 먼저 배우는 것이 중요하다. 리듬을 리듬악기로만 배우는 것은 아니다. 아이들은 주변의 물건들과 폐자원을 활용해서 마라카스를 만들거나 컵으로 된 실로폰을 만들어서 함께 리듬 놀이를 하는 것을 매우 즐거워한다. 번거롭더라도 부엌의 용기들, 프라이팬과 냄비들을 종류별, 크기별로 꺼내 나열해 놓고 국자나 수저 등으로 치면서 종류에 따라 소리가 어떻게 다른지 구분해 본다.

아빠라 걸음 흉내 내어 걷기

〈동물의 사육제〉와 같은 클래식 음악을 틀어 놓고 아이들과 동물 걸음걸이를 따라하는 놀이를 하자고 제안하면 아이들은 신나하면서 자신들이 좋아하는 동물들의 이름을 하나씩 부른다. 부모와 자녀가 돌아가면서 동물 이름을 대고 마치 그 동물이 된 것처럼 소리 내거나 행동하고 걸음걸이를 흉내 내 본다. 때로는 빨리 걷기도 때로는 천천히 걷기도 하면서 신체 감각과 리듬감을 배우게 된다. 이때 부모들은 물고기나 뱀과 같은 동물이 나오면 당황해 하고 자유롭게 대처하기 어려울 수도 있다. 그러나 자녀들은 이런 과정을 통해 '내가 엄마나 아빠보다 더 잘할 수 있어.'라고 생각하면서 성취감을 경험하기도 한다.

세탁소 놀이 빨래 걷고 정리하기

아이들에게 빨래 걷는 것을 도와달라고 하면 매우 즐거워하면서 돕는다. 이때 그냥 빨래를 걷는 것이 아니라 함께 박자를 맞춰서 하면 일이 아니라 놀이가 된다. "자, 엄마가 하나, 둘, 셋 세면 그 박자에 맞춰서 옷을 개는 거야. 그다음에는 네가 박자를 세고 엄마가 거기에 맞출게." 박자를 3박자, 4박자, 8박자로 바꿔 가면서 다양하게 하는 것도 자녀의 융통성과 적응력 향상을 위해 필요하다. 그다음에는 역할을 바꿔서 자녀가 박자를 세면 그 박자에 부모가 맞춰서 빨래를 갤 수 있다. 역할을 바꿈으로써 자녀의 모델링 과정을 살펴볼 수 있고 얼마나 융통성 있고 창의적으로 다른 박자들을 만들어 내는지 자녀의 역량을 살펴볼 수 있다. 그리고 무엇보다도 자녀 입장에서는 자신이 제시한 행동을 엄마나 아빠가 따르는 것만큼 신나고 통쾌한 일은 없다.

{ 글자와 숫자는 정말 쉬워요 }

자동차 번호판 읽기

아이들이 처음으로 숫자와 낱글자를 읽기 시작할 때 가장 잘 활용할 수 있는 생활 속 자료는 자동차 번호판이다. 번호판에는 숫자와 함께 글자도 적혀 있다. 아이들과 외출할 때 길에서 만나는 자동차 번호판의 숫자와 글자를 읽어 본다. 이것을 놀이로 하기 위해서는 "오늘은 차 번호 읽기 대회 날이네. 우리 한번 나가서 게임해 볼까?"라고 하면서 시도하면 아이들은 별것 아닌 것에도 흥분을 하며 좋아한다. 놀이를 통해 자녀가 관찰력이 얼마나 발달되어 있는지 가늠할 수 있고 관찰력 또한 증진시킬 수 있다.

리스트 만들기

아이에게 사야 할 물건이나 음식물의 목록을 적도록 요구한다. 요즘은 아이들이 한글을 빨리 터득하는 추세라서 6세만 되도 어느 정도 글을 쓸 줄 안다. 아이에게 편지나 일기를 쓰게 한다든지 엄마 대신 사야 할 물건의 목록을 적도록 하는 것도 일종의 놀이가 될 수 있다. 또한 이것은 자녀의 도움을 칭찬할 수 있는 정서적 지지의 계기가 된다. 아이들은 "엄마 대신 이렇게 잘 써 줘서 너무 고마워."라는 사소한 반응에서부터 자긍심을 가지게 된다. 부모는 마트에 가서 물건을 고르고 나면 자녀에게 목록에서 해당 단어를 지우도록 요청할 수도 있다.

측정하기

아이와 함께 쿠키나 빵 만들기를 해 본다. 요리만큼 정확한 수치와 계량을 요구하는 일이 없다. 계량컵과 스푼을 주고 아이들이 스스로 숫자를 셀 수 있게 옆에서 기다려 준다. 아이들은 쿠키나 빵을 만드는 과정에 조금 참여했을 뿐인데도 자신이 혼자 다 만든 것처럼 흐뭇해하고 기뻐한다. 계량컵과 스푼은 정량을 재는 도구로 자녀들이 자연스럽게 수 개념에 익숙할 수 있게 돕는다.

또한 정확한 양으로 일정한 맛이 나올 수 있다는 요리의 원리는
자녀들로 하여금 규칙과 순서를 배울 수 있게 하는 재미있는 교
육과정이 된다.

혀 꼬배기 놀이(tongue twister)

우리말에도 발음이 어려운 문장들이 있다. 이런 문장들을 놀이
처럼 사용해 본다. 예를 들면, '중앙청 철창살은 쌍철창살인가 외
철창살인가'라든가 '내가 그린 기린 그림은 긴 기린 그림이냐, 안
긴 기린 그림이냐' '저기 있는 말뚝이 말 맬 말뚝이냐 말 못 맬 말
뚝이냐' 같은 문장을 놀이처럼 활용하여 게임을 하면 아이들이
좋아한다. 이 놀이를 할 때 녹음을 활용하면 아이들은 더 재미있

게 참여한다. 녹음한 것을 다시 들으면 자녀의 '혀 꽈배기' 때문에 부모와 자녀 모두 함께 웃을 수 있다. 놀이 속에서 함께 웃는 순간들은 부모와 자녀가 서로 정서를 공유할 수 있게 해 주는 '연결'의 경험을 제공한다.

{ 과학과 자연은 우리의 삶과 가까워요 }

거울 게임

아이와 집 안에 있는 작은 거울들을 다 찾아다가 여러 모양으로 세워 보고 그 사이에 아이들의 장난감이나 물건을 넣는다. 그러고 난 후에 아이와 어떻게 보이는지, 왜 다르게 보이는지에 대해서 대화하면서 거울의 원리에 대해 이야기한다. 오목 거울, 볼록 거울 등 상을 왜곡시키는 거울도 때로는 도움이 된다. 아이들은 실제 모습과는 다른 모습으로 비춰 주는 거울을 통해 자신이 알고 있는 인형이나 장난감이 다르게 보이는 것을 알게 된다. 자녀에게 "거울은 어떻게 만들어질까?" "거울은 누가 만들었지?" "어떤 사람들이 거울을 좋아할까?" "우리 삶에서 거울은 왜 필요할까?" 등의 질문을 해 볼 수 있다. 이것은 반드시 답을 듣기 위해서가 아닌 함께 생각해 볼 수 있는 중요한 주제일 뿐 아니라, 이런 질문을 통해 자녀들이 스스로 자료를 찾아볼 수 있도록 동기를 부여하는 방법이 된다. 자녀가 원한다면 함께 거울의 원리가 적힌 과학책을 더 찾아볼 수도 있다.

아이들은 자석의 원리를 재미있어 한다. 여러 모양의 자석들을 집안의 물건들에 대보며, 왜 자석이 어떤 것은 끌어당기고 어떤 것은 끌어당기지 않는지 이야기해 본다. 모래 속에 자석을 넣고 돌리면서 딸려 오는 철 조각들을 따로 모아서 보관해 보는 것도 재미있다. 자석은 부모와 자녀들의 관계를 나타내 줄 수 있는 좋은 매개체다. 부모는 자녀와 함께 어떨 때 이렇게 서로를 끌어당기고 붙들고 싶은지 말해 보아도 좋다. "엄마가 우리 준형이를 사랑하는 것처럼 자석도 서로 사랑하나 봐."라고 표현함으로써 자연스럽게 감정을 표현할 수 있다.

콩을 심거나 잔디인형에 매일 물을 주며 기르는 것은 아이들에게 작은 과학 실험이 된다. 햇빛과 물을 통해서 식물이 잘 자라나고 생명이 강해지는 것을 관찰하면서 성장 관찰 일기를 쓰거나 사진을 찍고 기록하는 것은 아이들에게 좋은 학습이 된다. 한 아이는 레몬을 먹고 나서 그 씨를 땅에 심고 정성스레 물을 주었는데 점점 잎이 자라고 커지더니 화분을 큰 것으로 옮길 정도로 자라났다. 이처럼 아이는 자신이 심고 키운 식물이 쑥쑥 자라는 모습을 보면서 굉장한 성취감을 경험할 수 있다. "레몬트리야, 레몬트리야, 나도 너처럼 빨리 자랄 수 있었으면 좋겠어."라며 아이는 오늘도 레몬트리에 물을 준다.

나뭇잎 위에 얇은 종이를 대고 색칠을 하면 나뭇잎의 결이 드러
난다. 이런 놀이는 아이들이 자연과 가까워지고 자연을 사랑하고
아낄 수 있는 계기도 된다. 나뭇잎을 종류별로 종이에 대고 그린
후에 어떤 나무의 잎인지 이름을 맞춰 보는 것도 즐거운 활동이
다. 나뭇잎도 크기와 종류를 다르게 해서 그린 후에 스크랩을 하
고 나뭇잎 이름을 적을 수도 있다.

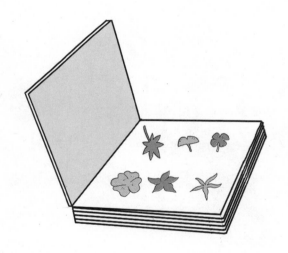

바람개비나 풍경 만들기 바람의 원리를 배워요

색종이와 수수깡을 활용해서 바람개비를 만들어 바람이 움직
이는 것을 보거나, 작은 풍경을 못 쓰는 옷걸이에 걸고 베란다에

달아서 바람이 불 때 잔잔하게 나는 소리를 함께 들어 보는 것도 좋다. 자녀와 바람이 우리에게 해 주는 일들이나 눈에 보이지 않는 바람이 어떻게 나타나는지 등을 이야기해 볼 수 있다.

바람을 주제로 핸드폰으로 사진을 찍어 볼 수도 있다. 아이들은 '바람'을 찍어 보자고 하면 어른들이 생각하지 못한 창의적인 사진을 찍기도 한다. 어른들은 움직이는 갈대나 빨래의 모습이 '바람'을 나타낸다고 생각하기가 쉽지 않다.

예술과 조형 활동은 아름다움을 표현할 뿐 아니라 우뇌 발달을 촉진해요

도장 찍기 그림   스펀지와 감자 사용

부모가 스펀지나 감자를 잘라서 자녀들이 원하는 그림이나 글자를 새겨서 도장 찍기 놀이를 할 수 있다. 아이들은 하루종일 도장을 찍으면서도 즐거워한다. 색깔별로 스탬프를 만들어서 찍어 보면, "빨강색 도장과 노랑색 도장이 섞이니까 주황색 도장이 되었네."와 같이 색이 섞이는 과정도 배울 수 있다. 특히 글씨를 반대로 새겨야 찍었을 때 글씨가 올바르게 찍힌다는 점도 배울 수 있다. 거울놀이와 연결하여 "글씨가 거울로 어떻게 보이는지 써볼까?"라고 하면서 글씨들을 거울에 비춰 보게 할 수도 있다.

데칼코마니

데칼코마니는 로샤 잉크블롯 검사에 쓰인 기법으로, 다양하고 추상적인 모양을 만들어 낸다. 종이에 원하는 대로 색깔과 모양을 만들어 물감을 짠 후에 반으로 접었다 펴면 의도하지 않은 작품이 만들어진다. 데칼코마니를 한 후 "이 그림은 무엇처럼 보여?" "이 그림 안에는 어떤 이야기가 숨어 있을까?"라고 질문하며 서로 대화할 수 있다. 아이들이 말하는 내용을 써서 데칼코마니와 함께 새 도화지에 붙여 모은다면 이것은 자연스럽게 작품집이 된다.

풍선으로 가면 만들기

고무풍선 위에 잘게 자른 신문지를 겹겹이^{두께가 1cm 정도 되게 붙이는 것이} ^{좋다} 붙인 후에 한참을 말리고 나서 반으로 자르면 풍선은 이미 줄어 있고 가면을 만들 수 있는 얼굴판이 완성되어 있다. 그 위에 하얀 화선지를 붙이고 아이들이 꾸밀 수 있도록 한다. 눈과 코, 입 부위를 자르고 얼굴색을 칠해 가면을 만든 후 역할놀이를 해 보는 것이 상호작용을 형성하는 데 도움이 된다. 그리고 이 과정을 통해 풍선의 원리에 대해서도 배울 수 있다. 하늘로 날아갈 수 있는 풍선과 날아가지 못하는 풍선의 차이에 대해서도 알아볼 수 있다.

풀 그림

풀과 물감을 함께 섞어서 손으로 움직이면서 마음가는 대로 그림을 그려 보는 활동이다. 자유로운 창작 활동은 아이들로 하여금 매우 자발적이고 창의적이 될 수 있게 돕는다. 정서적인 이완을 돕는 놀이는 부모와 자녀가 서로 감정을 소통할 수 있게 한다.

낙서와 연상

엄마와 함께 마음껏 낙서한 후에 그 낙서에서 연상되는 것이 무엇인지 함께 찾아보며 그림을 덧그리고 이야기를 나눠 본다. 낙서 위에서 연상되는 그림을 찾는 것은 놀이치료 장면에서 많이 쓰이는 기법으로 무의식을 의식화하는 작업이기도 하다. 그러나 부모들은 이런 활동을 통해서 심리학적으로 이해하려고 하기보다는 자연스러운 놀이로 활용하는 것이 바람직하다.

검은 종이나 흰 종이 위에 풀로 원하는 모양이나 글씨를 쓴 후에 색 설탕이나 하얀 밀가루 등을 뿌리고 조금 있다가 종이를 털어 내면 풀칠을 한 곳에만 밀가루나 색 설탕만 남기 때문에 멋진 작품이 완성된다. 부모는 무슨 글씨를 썼을까 맞춰 보는 놀이로 활용할 수도 있다. "엄마가 도화지 위에 너한테 주는 글을 숨겨 놨어. 자, 이제 네가 흰 설탕을 뿌리고 조금 있으면 글씨가 보일 거야. 뭐라고 쓰여 있을까? 알아맞춰 보자."라고 말하면서 자녀의 호기심을 불러일으킬 수 있다.

창의성은 내가 살아있음을 알게 해 줘요

탁구공 빨대 불기 게임

탁구공은 가벼워서 아이들의 입김에도 잘 움직인다. 빨대로 입김을 불어서 탁구공을 상대 골대에 넣는 탁구공 빨대 축구를 하면 아이들은 경쟁심을 불태우면서 놀이를 즐긴다. 이때 아이가 이기고 싶은 마음이 크다는 것을 알면 부모가 드러나지 않게 져 주는 것이 좋다. 자녀가 어느 정도 만족감을 가지면 탁구공을 가지고 또 어떤 다른 놀이를 할 수 있는지 아이디어를 내 보도록 하여 자녀의 창의성을 발달시킬 수 있다.

종이 접시가 없다면 신문지나 다른 못쓰는 잡지, 책을 활용해도 괜찮다. 방석을 쓸 수도 있다. 이런 것들이 놓인 곳은 섬 또는 건너는 다리라고 알려 주면서 이것만 밟고 건너도록 요구한다. 만약 안 그러면 바다에 빠져서 상어에게 물릴 수 있다고 알려 준다. 부모와 아이가 각각의 끝에서 출발하여 다리를 건너다가 중간에서 서로 마주치게 되면 '가위 바위 보'를 해서 이기는 사람이 먼저 지나간다. 이런 놀이를 한 후에 부모는 자녀에게 방석이나 종이 접시를 갖고 즐길 수 있는 다른 놀이를 찾아보자고 제안한다.

신발 가게 놀이 종이에 대고 발 모양 그려서 오리기

"우리 신발 가게 놀이하자. 엄마는 신발 가게 주인이고, 너는 신발을 사러 오는 손님이야. 엄마가 네 발 크기를 재서 네 발에 맞

게 신발을 만들어 줄 거야." 이런 놀이를 하다 보면 자연스럽게 아이의 발도 만지면서 얼마나 자랐는지 살펴볼 수 있고 자녀는 자신이 컸다는 사실을 실감할 수도 있다. "우리 승익이, 정말 발이 많이 컸구나. 우리 승익이 아기 때는 발이 엄마 손가락만 했는데."라고 이야기하면 아이들은 신기해 하고 행복한 미소를 짓는다. 아이의 발을 대고 본을 그려 오리고 나서 그 위에 아이가 원하는 대로 신발을 꾸밀 수 있게 한다.

양말로 퍼펫 만들기

자녀와 함께 양말로 퍼펫 인형을 만들어 본다. 못 쓰는 양말에 단추를 달고 실로 눈과 입을 꾸며 준 후에 아이들이 원하는 동물을 만들 수 있다. 이렇게 퍼펫을 만들어서 부모와 함께 역할놀이를 하면 창의성과 사회성을 기를 수 있다.

학령기 아동을 위한 활동

　학습을 위한 초석이 되는 인지 기능을 향상시키기 위해서 손쉽게 활용해 볼 수 있는 여러 방법을 소개하고자 한다. 많은 사람들은 타고난 인지 기능이 노력한다고 해서 쉽게 향상될 것 같지 않다고 생각하지만 꾸준한 노력과 훈련이 수반된다면 일정 부분은 향상이 가능하다. 기술의 향상뿐 아니라 연습을 통해서 자신감과 성취감, 숙달감을 가질 수 있기 때문에 공부나 학습에 더욱 자신감이 생길 수 있다. 지금부터 소개하는 놀이들의 목적은 부모―자녀 간의 긍정적 상호작용을 늘리고 놀이를 통해 정서를 교류하고 자녀를 칭찬할 거리를 찾을 수 있는 기회를 만드는 데 있다.

{ 집중력이 생겨요 }

오타 찾기

　아이들이 좋아하는 책 내용의 일부를 다시 쓴다. 이때 부모는 일부러 오타를 만들어서 보여 주고 빠른 시간 내에 오타를 찾는 게임을 한다. 어떤 내용을 단순히 쓰거나 읽으면 학습 활동이나 과제가 되지만, 이것을 놀이로 활용하면 그 순간부터는 학습이 아닌 놀이가 되어서 효과적으로 집중력을 기를 수 있다.

숨은그림찾기

시판하는 숨은그림찾기를 사용하여 자녀에게 숨은 그림을 찾도록 한다. 최근에는 인터넷에 숨은그림찾기의 데이터베이스를 갖추고 있기 때문에 그것을 활용해도 좋다. 이런 숨은그림찾기는 집중력과 관찰력을 증진시키는 좋은 놀이다. 틈날 때마다 아이와 숨은그림찾기나 틀린그림찾기를 하면서 놀이로 즐긴다면 집중력도 발달되지만 아이들에게 좋은 취미로 자리매김할 수도 있다.

미로 찾기

지능검사에서 미로 찾기는 주의력 영역을 측정할 수 있는 소검사로 사용될 만큼 주의력을 증진시키는 활동이다. 미로에 관한 자료도 책자나 인터넷에 수준별로 나뉘어 있으므로 손쉽게 활용할 수 있다. 아이가 미로 찾기를 하는 중간중간 놀이처럼 즐길 수 있도록 하기 위해서 부모들은 때로 아이보다 늦게 풀거나 아이가 미로 찾기 하는 시간을 재는 코치 역할을 하면서 아이를 격려하는 것도 필요하다.

{ 기억력이 뛰어나요 }

뒤집기 게임

요즘 시중에는 아이들이 모으기 좋아하는 카드의 종류가 매우 많다. 이런 카드들을 가정 내 학습 상황에 잘 활용할 수 있는 방법 중 하나가 뒤집기 게임이다. 글자를 모르는 아이들에게는 카드를 펼쳐 놓고 카드에 적힌 캐릭터들의 이름을 한 번씩 읽어 준다. 부모가 부르는 캐릭터 이름이 쓰인 카드를 찾아내는 게임을 하면 자연스럽게 한글 공부도 되고 기억력도 향상된다. 뒤집기 게임은 똑같은 그림을 가진 카드가 여러 개 있을 때 활용할 수 있다. 아이들은 부모가 자신의 캐릭터 카드에 관심을 갖고 그것을 활용하여 함께 놀아 준다는 사실만으로도 기뻐한다. 긍정적인 정서를 경험할 때 기억력 또한 촉진된다.

전화번호 외우기

부모와 조부모, 친구들, 친척들의 전화번호를 하나씩 알려 주며 외우도록 한다. 외워서 전화를 걸 수 있게 되면 상대방의 상황을 고려하지 않은 채 자주 전화한다는 단점도 있기는 하지만, 아이의 입장에서 보면 스스로 전화를 할 수 있게 되는 것만큼 자기효능감이 커지는 일은 없다. 특히 요즘 아이들은 초등학교에 들어

가면서부터 휴대전화를 소지하고 있어서 사실상 전화번호를 외우는 일이 거의 없다. 이를 게임으로 하게 되면 아이들은 커서도 단축키 사용보다 자신이 외우는 것을 더 즐긴다.

문장 따라 읽기

부모가 한 문장씩 읽은 후에 아이가 따라서 외운다. 이럴 때는 명언을 사용하는 것이 더욱 좋다. 아이들의 능력에 따라서 점점 길어질 수도 있는데 이런 훈련을 반복적으로 하다 보면 암기력이 향상된다. 예를 들어, '훌륭하고 영감 있는 모든 것은 자유로운 상태에서 열심히 노력하는 사람에 의해서 창조된다.'는 아인슈타인의 말과 같은 명언을 처음에는 자녀의 능력에 따라 할 수 있을 만큼 끊어서 읽어 주고 따라 하게 한다. 아이가 잘하면 조금씩 문장을 늘려 가면서 궁극적으로는 전체 문장을 읽어 갈 수 있게끔 단계적으로 시도하는 것이 중요하다. 처음에는 짧고 쉬운 문장부터 시작하여 자녀가 성공의 경험을 가질 수 있도록 한다.

달라진 곳 찾기

변장 놀이는 아이들이 부모와 할 수 있는 놀이 가운데 가장 흥미롭고 재미있어 하는 놀이 중 하나다. 아이들에게 "이제는 엄마랑아빠랑 함께 놀 건데 엄마는 네가 뒤돌아 있는 동안 변장을 할 거야. 한 번에 한 가지씩만 할 거거든. 엄마아빠를 잘 관찰하여 어디

가 달라졌는지 찾아내는 게임이란다."라고 알려 주면 된다. 아이
가 뒤돌아 있는 동안 부모는 여러 가지 변장을 다양하게 시도할
수 있다. 양말을 벗는다든지 벨트를 뺀다든지 아니면 스카프를
새로 할 수도 있고 귀걸이나 장신구를 하거나 뺄 수 있다. 아이들
의 흥미를 좀 더 이끌어 내기 위해서는 스티커 같은 것을 얼굴에
붙일 수도 있다. 난이도를 높이려면 단추를 하나 풀거나 소매를
살짝 걷는다든지 하는 등의 사소한 변화를 줄 수도 있다. 아이가
부모의 달라진 점을 찾아내면 한 번에 1점씩 점수를 주어서 우물 정자
로 칠판이나 스케치북에 써 준다 올라가는 점수를 즐기도록 해 주면 좋다.

{ 의사소통 능력이 발달해요 }

독후감 대회! 책 읽고 가장 마음에 드는 이야기 다시 꾸미기

아이들과 함께 책을 읽은 후에 하는 활동은 아이들의 사고력과
표현 능력을 향상시키는 지름길이 된다. 책을 읽은 후에 우선 아
이로 하여금 요약해서 부모에게 전달하도록 요청한다. 그런 후
에는 책 줄거리 가운데 가장 바꾸고 싶은 부분에 대해서 함께 이
야기하고 실제로 바꾸어서 다시 자신의 말로 써 보게 한다. 다시
써 보는 활동까지 하면 이것은 단순히 의사소통에 그치지 않고
글을 쓰는 능력에도 도움이 된다. 왜냐하면 그림을 배울 때 명화

를 그대로 따라 그리는 활동이 그림 실력을 향상시켜 주는 좋은 방법인 것처럼 글 쓰는 능력을 배울 때도 처음에는 다른 사람의 좋은 글을 읽고 따라서 쓰는 것이 도움이 되기 때문이다. 이런 것이 익숙해지면 자신의 말로 요약하여 써 보도록 이끈다. 그리고 글에 대한 자신의 의견을 쓰도록 순차적으로 접근하는 것이 바람직하다.

스토리텔러

하고 싶은 이야기를 녹음하고 들으면서 육하원칙에 따라 잘못된 점 찾기

처음에 이 놀이를 할 때는 잘못된 점부터 찾지 않도록 하는 것이 좋다. 긍정적인 감정을 느낄 수 있게 해 주는 것이 놀이의 강점이므로 일단은 자녀가 하고 싶은 이야기를 표현하도록 하고 이것을 녹음해 준다. 예를 들면, "엄마는 네 오늘 하루 생활이 너무 궁금해. 자, 이제는 엄마가 리포터가 돼서 너한테 오늘 가장 즐거웠던 일이 무엇인지 질문할 거야. 그러면 이 녹음기에 대고_{대부} <small>분 휴대전화에 녹음 기능이 있으므로 이를 이용한다</small> 네가 얘기해 주는 거야. 알았지?"라고 말한 후 엄마가 리포터가 되어 질문하고 아이의 대답을 녹음한 후 다시 들려준다. 빨리 자신의 목소리를 듣고 싶어서 길게 이야기하지 않는 아이들도 있는데, 이런 것을 나무라기보다는 점점 더 길게 말할 수 있도록 이끄는 것이 좋다. 역할을 바꾸어 아이가

리포터를 하고 엄마가 아이의 질문에 답을 해서 녹음을 하면 아이들이 간접적으로 모델링을 하게 되어서 어떻게 말하고 표현하는 것이 좋은지를 배울 수 있게 된다.

오늘 가장 즐거웠던 일은…

유튜브 크리에이터 놀이 가장 자신 있는 영역을 소개하는 영상 찍기

요즘에는 유튜브 크리에이터가 장래 꿈인 아이들도 많다. 그만큼 개인의 독특성이 드러나고 선호에 의해 선별하는 방송이 인기다. 부모는 자녀들과 이야기를 나누면서 자녀가 가장 선호하는 놀이나 자신 있는 분야를 이야기해 보도록 격려한다. 그것은 레고 만들기나 블록 쌓기, 마술, 상상 놀이, 점토인형 만들기, 색종이 접기 등일 수 있다. 아이가 가장 자신 있어 하는 영역을 선택

하면 그 분야에 대해 소개하거나 혹은 만드는 과정을 보여 주는 영상을 찍어 보자고 제안할 수 있다. 이 놀이를 할 때 중요한 점은 아이가 잘했는지 여부를 평가하는 것이 아니라 아이가 자신의 생각을 언어로 표현할 수 있도록 촉진하는 것이다. 따라서 이 과정 중에는 무조건 아이를 칭찬하는 연습을 해야 한다. "너는 설명을 친절하게 해 주는구나. 재미있어서 누구라도 보고 싶겠다." 등과 같이 부모가 발견한 자녀의 장점에 대해 언급을 해 준다. 찍은 영상을 함께 볼 때 아이들은 자신의 언어적 표현과 태도에 대한 모니터링이 가능해 다시 찍어 보고 싶어 한다. 다시 찍을 때 아이들이 '더' 잘하게 된다는 점은 놀랍지 않다.

{ 판단력과 의사결정력이 생겼어요 }

구사일생

이 놀이는 대인관계 훈련을 할 때 많이 사용되는 활동 중 하나이고 대부분 한 번씩은 해 본 경험이 있을 것이다. 요즘은 학교에서도 모둠 활동 가운데 하나로 하는 경우도 많다. "다음의 짧은 글을 읽고 나서 함께 문제를 푸는 거야."라고 제시한다.

'지구는 결국 사람들이 버린 쓰레기 더미 속에서 살아남지 못하게 되었다. 지구 사람들은 지구를 떠나 어디론가 새로운 정착지를 찾아 떠나야만 했다. 한국의 몇몇 과학자로 이루어진 드림팀이 새로운 세상의 시작을 위해 인공 캡슐을 만들었다. 이곳에 들어가면 다시 새로운 인류의 삶을 시작해 갈 수 있다. 유일한 단점은 이곳에 들어가서 살 수 있는 사람이 딱 7명뿐이라는 사실이다. 새 인류를 시작할 수 있는 사람들을 여러분이 선택해야 한다. 대상자들의 명단은 다음과 같다._{p. 209 참고.}'

사실 이런 활동에는 정답이 있지 않음에도 답을 말하는 것에 매우 갈등이 야기된다. 이런 활동을 통해서 자유롭게 의사를 결정하고 자신의 의견을 표현하는 경험이 중요하다. 아이들은 아직 논리적 사고나 윤리가 명백히 확립되어 있지 않기 때문에 아이들의 답에 대해서 부모가 지나치게 간섭하여 '맞다, 틀리다'를 언급하면

1. 과학자
2. 임신 중인 법조인
3. 탁월한 언변을 가진 정치인
4. 용감하고 훌륭한 계급이 높은 장교
5. 뛰어난 기술의 축구 선수
6. 인기 배우
7. 중장비 기계 운전기사(트랙터 및 포크레인)
8. 유명한 역사학자
9. 자원봉사를 많이 다니는 치과 의사
10. 15세의 여자 중학생
11. 젊은 성직자
12. 한국에 교환학생으로 온 외국인 남학생

이 활동은 더 이상 의미가 없어진다. 가족 내에서 가장 편하게 자신의 의견이 표현될 수 있는 기회를 경험하는 것이 중요하다.

무인도에 가기

'무인도에서 살아남기' 위해 꼭 필요한 것들의 목록을 스스로 만들도록 한다. 목록을 제공해 주기보다는 아이들에게 스스로 그 답을 찾도록 하는 것이 더 좋다. 이런 과정을 게임으로 할 때 "네가 무인도에 꼭 가져가고 싶은 것들은 뭐니?"라고 묻기보다는 아이의 상상력을 자극하도록 한다. 아이에게 눈을 감도록 한 후에 다음의 지시문을 나지막이 읽어 준다. '바람이 잔잔하게 불고 태

양이 쨍쨍 내리쬐던 어느 여름날, 나는 배를 타고 여행을 떠난다. 배는 파도에 실려 바다 위를 떠가고 있다. 나는 하늘을 나는 갈매기도 보고 바다 위로 몸을 드러내는 돌고래들도 보며 웃음 짓는다. 해가 지면서 바람이 불어 온다. 바람은 점점 거칠고 거세진다. 파도가 일렁이자 배는 좌우로 요동친다. 그 이후 나는 갑자기 기억을 잃는다. 눈을 떠 보니 배가 아니고 섬 위에 누워 있다. 주위에는 아무도 없다.' 이렇게 지시문을 읽어 주면 아이가 머릿속으로 심상을 그리기가 더 쉽다. 더 자세하면 좋지만 때로는 그런 세세한 문장은 아이들로 하여금 지나치게 몰입하게 하여서 불안감과 두려움을 안겨 줄 수도 있으므로 적당히 표현하는 것이 좋다. 이런 지시 후에 아이에게 "네 옆에 가방이 하나 놓여 있네. 무인도에서 살아가기 위해 꼭 필요한 어떤 것들이 그 가방 안에 들어 있을까?"라고 질문한다. 아이에게 무인도에서 꼭 필요한 것 열

가지를 적어 보게 하고 그것이 왜 필요한지 함께 토론해 본다. 이 활동은 가족 전체가 주말 활동으로 해 보아도 좋다.

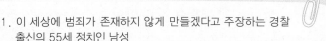

이것은 '구사일생'과 비슷한 활동이지만 자신이 원하는 사회의 대통령을 선출한다는 것에서 아이들 자신의 바람과 욕구가 드러날 수 있다. "자, 이제부터 우리나라는 초등학생도 대통령을 선출할 수 있는 자격이 주어졌대. 후보들 중에서 누가 가장 마음에 드는지 결정해 보자."

1. 이 세상에 범죄가 존재하지 않게 만들겠다고 주장하는 경찰 출신의 55세 정치인 남성
2. 한때 종교인이었던 사람으로 사람들의 마음이 평안하고 행복한 사회를 만들겠다고 하는 34세 남성
3. 우리나라의 경제 수준을 세계적으로 만들겠다고 주장하는 40세 기업 경영인
4. 교수 출신의 농업 관련 연구자 46세 남성
5. 아이들의 복지와 교육 환경을 책임지겠다고 말하는 교장 선생님 출신 50세 여성
6. 세계 난민과 구호가 필요한 나라로 자원봉사를 많이 다닌 46세 여성
7. 땅이 부족한 것을 대비하기 위해서 바다 위에 새로운 땅을 건설하겠다는 건설업계 사업가 37세 남성
8. 여성의 권익과 편의를 잘 갖춘 사회를 만들겠다는 39세 여성 법조인
9. (   )

좀 더 융통성을 발휘하도록 하기 위해서 임의로 9번을 만들어 놓고 자신이 원하는 후보가 있다면 채워 넣도록 한다. 또는 우리 가족이 원하는 후보를 새로 만들어 9번 후보로 내세울 수도 있다.

〔 독해력이 자라요 〕

속독 연습하기

한 페이지 정도의 책 내용을 빨리 읽을 수 있도록 훈련해 보는 것이다. 처음부터 하기보다는 재미로 혀 꽈배기를 게임처럼 시도해 본 후에 차츰 글자를 늘려 가는 것이 좋다. 이때는 초시계를 준비해서 빨리 읽기 대회를 하면 아이들이 좋아한다. 만약 동화책을 선택한다면 읽기 수준이 쉬운 것부터 난이도를 높여 가는 것이 능력 향상에 도움이 된다.

신문 이용하기

신문에서 아이가 가장 흥미를 가진 기사를 오려서 읽고 그와 관련된 새로운 기사를 쓰거나 떠오르는 이미지를 그려 보도록 하는 활동은 독해력뿐 아니라 사고력과 창의력도 증진시킨다.

먼저, 신문에서 자신이 가장 흥미를 느끼는 부분을 골라 오리고, 그 기사가 가장 흥미로운 이유를 말해 본다. 기사를 시각화하고 싶다면 삽화를 그려볼 수도 있다. 기사를 읽고 내 관점으로 다시 기사를 쓴다. 이때 기자 이름_{아이의 이름}을 꼭 밝히도록 한다. 마지막으로 신문에서 오린 기사와 나의 기사를 함께 도화지에 붙이고 차이점을 찾아 본다.

사전 이용하기

국어의 실력은 어휘력이란 말도 있다. 사전을 활용하는 것은 좋은 습관이다. 어려운 단어 목록을 한두 개 만들어 놓고 국어사전을 혹은 외국어라면 그 언어 사전을 이용해서_{전자사전은 사용하지 않는다} 단어의 뜻을 찾아서 적어 본다. 사전은 가나다 혹은 알파벳 순으로 되어 있어서 종이 사전을 찾는 연습 자체가 어휘력 습득에 긍정적인 영향을 미친다. 그런 후에는 그 단어를 사용해서 함께 문장을 만들어 본다. 일반적으로 국어를 배울 때 사전을 잘 사용하지 않는 경우가 많다. 그러나 정확한 어법과 용도를 배우기 위해서, 그리고 단어의 함축된 다양한 뜻을 알아가기 위해서 사전을 활용하도록 훈련시키는 것은 아이들의 독해력 향상에 기초가 된다.

{ 수리력이 숨겨져 있었어요 }

스도쿠(Sudoku) 게임

스도쿠는 18세기 스위스 수학자가 만든 '라틴 사각형'이란 게임에서 유래했다. 역사 속에 묻혔던 이 게임이 1970년대 미국에서 '넘버 플레이스'란 게임으로 잠시 소개되었다가 1984년 일본의 퍼즐 회사인 니코리가 '스도쿠'라는 브랜드로 판매해 인기를 끈 뒤 세계 각국으로 퍼지기 시작했다고 전해진다. 이 게임은 가로, 세로 9칸씩 총 81칸으로 이뤄진 정사각형의 칸에 각각 1부터 9까지의 숫자를 겹치지 않게 적어 넣는 퍼즐이다. 예상과는 달리 풀기가 까다로운 지능형 게임이지만 규칙이 단순하고 난이도 수준이 다양해서 누구나 쉽게 접근할 수 있다. 이 게임을 하다 보면 자연스럽게 암산 능력이 좋아지거나 수와 친해질 수 있다.

분수 놀이

분수 놀이를 위해서는 트럼프 카드가 필요하다. 4명까지 가능한 놀이로, 종이와 연필을 준비한다. 카드는 뒤집어 놓아서 숫자나 모양이 보이지 않게 한다. 각자 카드를 인원 수만큼 동일하게 나눠 갖는다. 종이는 가로로 선을 그어 놓는다. 이것은 분수를 표현할 때 분모와 분자를 나누는 선이 된다. 그런 후 순서에 따라 카드를 두 장씩 꺼내서 분자와 분모를 표현한다. 카드 각각을 선 위와 아래에 배열해 놓는 것이다. 분수를 만들 때 원칙은 분모, 즉 선 아래에 큰 수를 두어서 진분수를 만들어야 한다. 만약에 4와 6이 나왔을 때 4를 분모에 두면 가분수가 된다. 저학년이라면 카드로 진분수를 만드는 것으로 강화를 해 줄 수 있다. 고학년일 경우에는 서로 만든 분수를 보면서 누구의 분수가 큰지 가른다. 이것은 통분을 통해 알 수 있다. 한 판을 할 때마다 이긴 사람에게 구슬이나 강화물을 제공한다. 이 강화물을 가장 많이 모은 사람은 분수의 상징인 피자를 먹을 수 있게 해 준다든지 하는 추가의 음식 강화가 있다면 아이들은 더 흥미를 갖고 게임에 임할 것이다.

마트 할인 놀이 마트 광고용 전단지를 사용하기

이 놀이는 상호작용을 촉진할 뿐더러 마트에서 얼마나 할인을 받을 수 있는지를 계산할 수 있는 놀이다. 마트에서 광고용으로 나눠 주는 전단지에는 어떤 물품이 얼마나 할인되는지 적혀 있다. 먼저 아이와 함께 사고 싶은 물건의 리스트를 적어 본다. 그리고 대략 가격이 어떻게 되는지 상상해서 써 본다. 그런 다음 전단지를 보면서 사고 싶은 물건이나 음식의 할인 폭이 얼마나 되는지 살펴본다. 자신이 예상한 금액에서 할인액을 뺐을 때 얼마이며 마트에 갔을 때 총 얼마가 필요한지 이야기해 본다. 이 과정

에서 아이가 계산을 잘해서 혹은 할인율이 높은 물품을 찾아내서
산다면 할인받은 금액만큼을 아이에게 용돈으로 주고 원하는 것
을 하게 할 수도 있다.

창의력이 자랑스러워요

브레인스토밍

다음 질문들에 대해서 다양한 의견의 목록을 만들어 간다.

1. 의자가 쓰일 수 있는 용도는 몇 가지일까?
2. 어떤 안경이 좋은 안경인가? 나는 어떤 안경을 제작하고 싶은가?
3. 휴대전화에는 어떤 기능이 더 추가되어야 하는가?
4. 휴대용 게임기에 넣을 수 있는 게임 소프트웨어 중 어떤 것이 더 있어야
   할까?
5. 가장 좋은 부모는 어떤 특성이 있어야 하나?
6. 훌륭한 사람으로 불리는 사람들이 갖고 있는 자질에는 무엇이 있는가?

이 같은 질문은 서로 나누어 보면 상대를 이해하는 데 도움이 되지만 가족끼리 해 볼 기회가 많지 않다. 의도적으로라도 이런 질문들을 나눌 수 있는 기회를 갖는다면 그것은 가족에게 새로운 경험이 될 수 있다. 동시에 이런 경험 자체가 그 가족을 변화시킬 수 있는 힘이 되기도 한다.

영화 제작

아이들이 좋아하는 영화를 함께 본다. 인터넷에서 영화의 제작 과정이나 주인공들이 나와 있는 자료를 찾아보고 줄거리나 인물의 특성들을 파악하고 적게 한다. 그런 후에는 아이가 직접 자신이 원하는 영화를 제작하게 한다. 하지만 창의력이 선천적으로 뛰어나지 않은 아이도 있기 때문에 처음부터 무작정 원하는 영화를 만들도록 하면 부작용이 크다. 따라서 아이들이 좋아하는 영화의 캐릭터들을 가지고 다른 주제와 줄거리로 영화를 꾸며 보도록 하는 것이 바람직하다. 만약 아이가 '닌자 거북이'를 좋아한다면 아이가 스스로 '닌자 거북이 2탄'을 만들어 보도록 격려하는 것이다. 아이와 함께 닌자 거북이와 관련된 이미지들을 인터넷에서 다운받아 출력한 후 악당을 결정한다. 그다음에 어떤 테마와 줄거리를 만들 것인지 결정하게 하고브레인스토밍 이런 과정을 마인드맵처럼 정리해 간다. 전체적인 흐름을 정한 후 살을 붙여 가며 하나의 스토리를 만든다. 실제로 카메라를 사용해서 영화를 만드는 것은 아니지만 아이들은 자신이 좋아하는 영화의 후속편을 만들 수 있다는 사실에 흡족해 하며 이런 활동이 바탕이 되어서 좀 더 창의적인 일을 하게 될 수 있다.

친절 주스

가족이 서로를 위해 베풀 수 있는 친절의 종류들을 찾아보기

친절은 무엇인가? 다른 사람을 위해 베푸는 행동이지만 동시에 내 마음을 기쁘게 해 주는 가치이기도 하다. 가족을 위해 내가 할 수 있는 친절한 행동 목록을 적어 본다. 또 내가 받고 싶은 친절의 목록도 적는다. 그런 후 적은 목록들을 모두 빈병에 담는다. 이것이 '친절 주스'다. 돌아가면서 친절 주스가 담긴 병에서 목록을 무작위로 빼내어 종이에 적혀 있는 행동을 서로에게 해 준다. 따라서 너무 과도한 요구를 적지 않도록 주의한다. 예로, 아이들은 받고 싶은 친절의 목록에 지나치게 비싼 장난감이나 물건을

적을 수도 있다. 처음에 놀이를 시작할 때 친절은 물건이 아닌 행동과 표현으로 나타나는 것이라고 알려 주는 것도 중요하다. 아이들은 놀이를 하는 과정을 통해 친절 주스병에 어떤 친절 목록들을 넣을지 정할 수 있게 된다. 목록이 다양하게 바뀔 때 아이들의 창의력은 함께 성장할 수 있다.

Part 3 | 엄마, 아빠, 배움은 재미있어요 |

우리는 지금까지 학습에 대한 많은 이야기를 나눴고 학습과 관련된 여러 가지 놀이를 살펴보았다. 책에 소개된 놀이들을 모두 기억하기보다는 기억나는 하나의 놀이를 자녀와 함께 직접 경험한다면 그 자체로 변화와 성장이 시작될 수 있다. 자녀의 학습 능력을 기르는 것에 앞서 자녀와의 상호작용을 시도하였기 때문이다. 뛰어난 학습 능력은 사실상 부모-자녀 관계에서의 돌봄을 기초로 한다는 '명백한 사실'을 되새긴 것만으로도 높이 평가할 가치가 있다.

우리는 정보의 시대에 살고 있다. 우리 주변에는 많은 정보가 넘쳐난다. 정보의 홍수 속에서 그냥 흘러가며 살아갈 것인가 아니면 정보를 선별하여 내 경험으로 되살릴 것인가의 문제는 중요하다. "듣는다고 아는 것도 아니고, 안다고 해서 믿어지는 것도 아니며, 믿어진다고 결코 그렇게 행동하지 않는다."는 말이 있다. 우리는 많은 이야기를 듣지만 그것에 대해 다 알지 못한다. 아는 것이 중요한 게 아니다. 내가 그렇게 행동하고 있느냐가 변화를 만들어 내는 가장 중요한 핵심이 된다. 쉽지 않지만 우리 마음에 와닿는 것을 직접 시도해 보는 것이 변화의 첫걸음이다. 반복해서 강조하지만 학습에서 가장 중요한 것은 역시 마음이다. 마음을 알고 이해하고 다스릴 수 있다면 마음만큼 학습을 도와줄 수 있는 것은 없다. 마음은 뇌의 작용이기 때문이다. 우리는 아이들에게 중요한 사람이다. 아이들의 마음을 어떻게 곁에서 돌봐 줄 것인지 또 아이들이 스스로의 마음을 어떻게 돌보도록 도울 것인지를 고민해야 한다. 그러나 고민에서 멈추지 않고 자신을 새롭게 바꿔 가는 것이 필요하다. 부모인 나의 학습 방법이, 나의 학습 태도가, 나의 학습 철학이 아이와 맞지 않는다고 생각되면 오늘 당장 버리고 자녀에게 다시 묻고 시작해 보는 것이 필요하다. "얘야, 나는 정말로 너를 곁에서 돕고 싶구나. 내가 어떻게 도와줄 수 있는지 가르쳐 줄래?" 누구보다도 정답을 잘 알고 있는 것은 자녀. 물론 처음에는 "나도 몰라요. 알아서 해 주세요."라고 대답할 수 있겠지만 조금 더 기회를 주고 기다려 준다면 아이는 혼자 답을 찾아낼 것이다. 그리고 오히려 부모가 자신을 잘 도울 수 있게끔 부모를 도와줄 것이다.

김동일, 신을진, 이명경, 김형수(2011). 학습상담. 서울: 학지사.
김현수(2015). 공부상처. 서울: 에듀니티.

Atkinson, J. W. (1980). Motivational effects in so-called tests of ability
    and educational achievement. In L. J. Fyans, Jr. (Ed.) *Achievement
    motivation: Recent trends in theory and research* (pp. 9-21). New
    York: Plenum.
Bandura, A. (1997). *Self-efficacy: The exercise of control.* New York:
    Freeman.
Covington, M. V., & Roberts, B. (1994). Self-worth and College
    achievement: Motivational and personality correlates. In P. R.
    Pintrich, D. R. Brown, & C. E. Weinstein (Eds.), *Student motivation,
    cognition, and learning: Essay in honor of Wilbert J. McKeachie* (pp.
    157-187). Hillsdale, NJ: Erlbaum.
Dembo M. H., & Seli H. (2016). *Motivation and Learning Strategies for*

College Success: A Focus on Self-Regulated Learning (5th ed.).
New York: Routledge.

Dweck, C. S. (1999). *Self-theories: Their role in motivation, personality, and development.* Philadelphia: Taylor & Francis/Psychology Press.

Dweck, C. S. (2006). *Mindset: The new Psychology of success.* New York: Random House.

Dweck, C. S., & Leggelt, E. L. (1988). A social-cognitive approach to motivation and personality. *Journal of Personality and Social Psychology, 95*, 256-273.

Frender, G.(2004). *Learning to learn.* Incentive Publications, Inc, Nashville, TN.

Pekrun, R., Goetz, T., Daniels, L. M., Stupnisky, R. H. (2010). Boredom in achievement setting: Exploring control-value antecedents and performance outcomes of a neglected emotion. *Journal of Educational Psychology, 102,* 531-549.

Rimm, S. (2013). 영리한 아이가 학습이 부진한 이유 그리고 치료(윤만석 역). 서울: 시그마프레스. (원저는 2008년에 출간)

Schunk, D. H. (1991). Goal setting and self-evaluation: A Social cognitive perspective on self-regulation. In M. L. Maehr & P. R. Pintrich (Eds.), *Advance in motivation and achievement* (Vol. 7, pp. 85-113). Greenwich, CT: JAI.

Schunk, D. H., Meece J. L., & Pintrich P. R. (2013). *Motivation in education: Theory, research, and applications* (4th ed.). Pearson.

Siegel D. J., & Bryson T. P. (2015). *The Whole-Brain Child Workbook.* Eau Claire, WI: PESI Publishing & Media.

Weiner B. (1984). Principles for a theory of student motivation and their implication within and attributional framework. In R. Ames & C. Ames (Eds.), *Research on motivation in education: Student motivation* (Vol. 1, pp. 15-38). New York: Academic Press.

Weiner, B. (1986). *An attributional theory of motivation and emotion.* New York: Springer-Verlag.

Zimmerman, B. J. (1998). Developing self-fulfilling cycles of academic regulation: An Analysis of exemplary instructional models. In D. L. Shunk & B. J. Zimmerman (Eds.), *Self-regulated learning. From teaching to self-reflective practice* (pp. 1-19) New York: Guilford.

**찾아
보기**

저자 소개

김유숙

일본 동경대학교 의학부 보건학박사(임상심리 전공)

현 서울여자대학교 교육심리학과 명예교수

　　한스카운셀링센터 소장

최지원

서울여자대학교 교육심리학과 문학박사(상담 및 임상심리 전공)

현 한스카운셀링센터 부소장

유승림

서울여자대학교 교육심리학과 박사수료(상담 및 임상심리 전공)

현 한스카운셀링센터 상담연구원

| 아동과 청소년 문제해결 시리즈 7 |

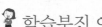 학습부진 아동 • 공부하기 힘들어하는 아이를 어떻게 도울 것인가? •

초판 1쇄 발행 2019년 5월 10일

지은이 김유숙 · 최지원 · 유승림
발행인 김진환

발행처 (주)학지사

임프린트 이너북스 **주소** 서울특별시 마포구 양화로 15길 20 마인드월드빌딩
대표전화 02)330-5114 **팩스** 02)324-2345
출판신고 제313-2006-000238호
홈페이지 http://www.hakjisa.co.kr

ISBN 978-89-92654-51-7 03180

※잘못된 책은 구입하신 곳에서 바꾸어 드립니다.

※책값은 뒤표지에 있습니다.

※ **이너북스** 는 (주)학지사의 단행본 브랜드입니다.

출판 · 교육 · 미디어기업 학지사
간호보건의학출판 **학지사메디컬** www.hakjisamd.co.kr
심리검사연구소 **인싸이트** www.inpsyt.co.kr
학술논문서비스 **뉴논문** www.newnonmun.com
원격교육연수원 **카운피아** www.counpia.com